L'ARC-EN-CIEL
DE
LA LIBERTÉ,
OU
COURONNE LYRIQUE
OFFERTE A SES DÉFENSEURS.

Recueil complet des Chansons, Hymnes, Odes et Cantates patriotiques et nationales, inspirées à nos meilleurs poètes par nos révolutions, et *notamment par celle des* 27, 28 et 29 *juillet* 1830.

RECUEILLIES PAR E. DEBRAUX.

Suivies de l'Oraison funèbre des braves morts pour la défense de la patrie.

PARIS,
TERRY JEUNE, LIBRAIRE,
Palais-Royal, galerie de Valois, n° 185.
1831.

Première revue de la Garde nationale de Paris, passée par Louis-Philippe 1er et distribution des drapeaux au Champ de Mars le 29 août 1830.

Fête de la Fédération de la Liberté, au Champ de Mars en 1790.

L'ARC-EN-CIEL
DE
LA LIBERTÉ,
OU
COURONNE LYRIQUE
Offerte à ses Défenseurs.

Recueil complet des Chansons, Hymnes, Odes et Cantates patriotiques et nationales, inspirées à nos meilleurs poètes par nos révolutions, et *notamment par celle des 27, 28 et 29 juillet 1830*,

Recueillies

PAR E. DEBRAUX.

Suivies

DE L'ORAISON FUNÈBRE

DES BRAVES MORTS POUR LA DÉFENSE DE LA PATRIE.

PARIS,
TERRY JEUNE, LIBRAIRE,
Palais-Royal, galerie de Valois, n° 185.

1831.

PARIS. IMPRIMERIE DE COSSON,
RUE SAINT GERMAIN-DES-PRÉS, N° 9.

L'ARC-EN-CIEL

DE

LA LIBERTÉ,

OU

Couronne Lyrique.

✦✦✦✦✦✦✦✦✦✦✦✦✦✦✦✦✦✦✦✦✦✦✦✦✦✦✦✦✦

LA MARSEILLAISE.

Allons ! enfans de la patrie:
Le jour de gloire est arrivé.
Contre nous de la tyrannie
L'étendard sanglant est levé. (*bis.*)
Entendez-vous, dans les campagnes,
Mugir ces féroces soldats ?
Ils viennent jusque dans vos bras
Égorger vos fils, vos compagnes.
Aux armes, citoyens ! formez vos bataillons !
  Marchons, marchons !
Qu'un sang impur abreuve nos sillons.

Que veut cette horde d'esclaves,
De traîtres, de rois conjurés?
Pour qui ces ignobles entraves,
Ces fers dès long-temps préparés? *(bis.)*
Français, pour nous, ah! quel outrage!
Quel transport il doit exciter!
C'est nous qu'on ose méditer
De rendre à l'antique esclavage!
Aux armes, citoyens! etc.

Quoi! ces cohortes étrangères
Feraient la loi dans nos foyers!
Quoi! ces phalanges mercenaires
Terrasseraient nos fiers guerriers! *(bis.)*
Grand Dieu! par des mains enchaînées,
Nos fronts sous le joug se ploîraient!
De vils despotes deviendraient
Les maîtres de nos destinées!
Aux armes, citoyens! etc.

Tremblez, tyrans; et vous, perfides,
L'opprobre de tous les partis.
Tremblez; vos projets parricides
Vont enfin recevoir leur prix : *(bis.)*
Tout est soldat pour vous combattre;
S'ils tombent, nos jeunes héros,
La terre en produit de nouveaux,
Contre vous tout prêts à combattre.
Aux armes, citoyens! etc.

Nous entrerons dans la carrière
Quand nos aînés n'y seront plus.
Nous y trouverons leur poussière
Et les traces de leurs vertus ! *(bis.)*
Bien moins jaloux de leur survivre
Que de partager leur cercueil,
Nous aurons le sublime orgueil
De les venger ou de les suivre.
Aux armes, citoyens ! etc.

Français, en guerriers magnanimes,
Portez ou retenez vos coups :
Épargnez ces tristes victimes
A regret s'armant contre nous : *(bis.)*
Mais ces despotes sanguinaires,
Mais les complices de Bouillé,
Tous ces tigres qui sans pitié
Déchirent le sein de leurs mères.
Aux armes, citoyens ! etc.

INVOCATION.

Amour sacré de la patrie,
Conduis, soutiens nos bras vengeurs !
Liberté, liberté chérie,
Combats avec tes défenseurs ! *(bis.)*
Sous nos drapeaux que la victoire
Accoure à tes mâles accens :
Que tes ennemis expirans
Voient ton triomphe et notre gloire.

Aux armes, citoyens ! formez vos bataillons !
Marchons, marchons !
Qu'un sang impur abreuve nos sillons.

Rouget de l'Isle.

LA PARISIENNE.

Peuple français, peuple de braves,
La liberté rouvre ses bras.
On nous disait : Soyez esclaves !
Nous avons dit : Soyons soldats !
Soudain Paris, dans sa mémoire,
A retrouvé son cri de gloire :
    En avant ! marchons
    Contre leurs canons !
A travers le fer, le feu des bataillons,
    Courons à la victoire !

Serrez vos rangs ! qu'on se soutienne !
Marchons ! Chaque enfant de Paris
De sa cartouche citoyenne
Fait une offrande à son pays ;
O jour d'éternelle mémoire !
Paris n'a plus qu'un cri de gloire :
    En avant ! etc.

La mitraille en vain nous dévore :
Elle enfante des combattans ;
Sous les boulets voyez éclore
Ces vieux généraux de vingt ans.
O jour d'éternelle mémoire !
Paris n'a plus qu'un cri de gloire :
  En avant, etc.

Pour briser leurs masses profondes,
Qui conduit nos drapeaux sanglans ?
C'est la liberté des deux mondes,
C'est Lafayette en cheveux blancs.
O jour d'éternelle mémoire !
Paris n'a plus qu'un cri de gloire :
  En avant, etc.

Les trois couleurs sont revenues,
Et la colonne, avec fierté,
Fait briller à travers les nues
L'arc-en-ciel de la liberté.
O jour d'éternelle mémoire !
Paris n'a plus qu'un cri de gloire :
  En avant ! etc.

Soldat du drapeau tricolore,
D'Orléans, toi qui l'as porté !
Ton sang se mêlerait encore
A celui qu'il nous a coûté.

Comme aux beaux jours de notre histoire,
Tu redirais ce cri de gloire :
 En avant ! etc.

Tambours, du convoi de nos frères
Roulez le funèbre signal;
Et nous de lauriers populaires
Chargeons leur cercueil triomphal.
O temple de deuil et de gloire,
Panthéon, reçois leur mémoire !
 Portons-les ! marchons !
 Découvrons nos fronts.
Soyez immortels, vous tous que nous pleurons,
 Martyrs de la victoire,

Casimir Delavigne.

LE DRAPEAU TRICOLORE.

Air du Chant français.

Entendez-vous gronder l'airain?
Voici venir le peuple en armes.
Il voit la mort d'un front serein :
Aux esclaves sont les alarmes.

Ils sont tombés à nos genoux,
Les traîtres, hier si fiers encore.
Français, la victoire est à nous.
Salut au drapeau tricolore !

Le voilà ce drapeau sacré,
Objet de notre amour extrême.
Toujours par la gloire paré
D'un laurier de son diadème,
Il nous revient encor plus beau ;
Quand la liberté le colore
Des feux de son divin flambeau.
Salut au drapeau tricolore !

Nos mains tour à tour l'ont planté
Sur la cime des pyramides ;
Aux bords du Danube indompté ;
Ainsi qu'aux riches Hespérides ;
Au Tibre nous l'avons suivi ;
Le Nord vaincu le craint encore ;
Trop long-temps on nous l'a ravi.
Salut au drapeau tricolore !

Il t'est rendu, peuple français,
Et son retour est ton ouvrage.
Que le prix du plus grand succès
Soit conservé par ton courage ;

Vers lui nous devons tous courir ;
Et s'il fallait le perdre encore,
Citoyens, sachons tous mourir.
Salut au drapeau tricolore!

De Lamotte-Langon.

LA COCARDE TRICOLORE.

Air du prince Eugène.

Bourbons, qui régniez sur la France,
Grâce au secours de vingt peuples divers,
Eh quoi! malgré notre souffrance,
Au lieu de lois vous nous donniez des fers!
Quand ces grands jours dont la France s'honore
Semblent par vous lâchement oubliés,
Je puis fouler votre cocarde aux pieds,
Et reprendre la tricolore.

Salut, ô ma belle cocarde,
Chère aux guerriers d'Ulm et de Friedland!
Sur le front de la vieille garde
Reprends enfin, reprends ton noble rang.
Sous cette blanche, hélas! qui déshonore,
Le moindre prince est au dessus de nous;
L'Europe entière était à nos genoux,
Quand nous portions la tricolore!

Sous le poignard et sous la hache,
En mille lieux témoins de leurs forfaits,
Des assassins au blanc panache
Ont fait cent fois couler le sang français.
S'il est tombé, du couchant à l'aurore,
Tant de mortels par nos glaives soumis,
C'était du moins le sang des ennemis
Qu'on versait sous la tricolore.

Quand, protégé par ses cohortes,
Un roi parut pour la seconde fois,
Nous croyons, en ouvrant nos portes,
Ne voir en lui qu'un protecteur des lois.
S'il rejeta ce drapeau qu'on arbore,
Peuple français, n'en sois pas mécontent :
Il a bien fait ; il eût en l'adoptant
Déshonoré la tricolore.

Tôt ou tard le peuple triomphe ;
Et nous voyons, malgré l'orgueil des rois,
Rentrer sous des arcs de triomphe
Nos étendards et nos antiques droits.
Sur les débris du lis, que l'on abhorre,
Nous replantons l'arbre de liberté,
Et, relevant nos fronts avec fierté,
Nous reprenons la tricolore.

ÉMILE DEBRAUX.

CHANT DE JUILLET 1830.

Air : *Pleurez, enfans de l'Helvétie* (Marcillac).

Pleurons les fils de la patrie
Qu'un roi dévouait au trépas ;
La liberté, par eux chérie,
Pour eux n'ouvrira plus ses bras.

On avait dit, rempli d'alarmes :
Armons-nous ! Guerre aux opresseurs !
Français, s'il nous manque des armes,
N'avons-nous pas des grès vainqueurs ?
Pleurons, etc.

Tout s'émeut ! Mille barricades
Surgissent du sol parisien.
Au feu des royales brigades
Répond le feu du citoyen.
Pleurons, etc.

Victoire !!! Enfin Paris l'emporte ;
Tout meurt, ou fuit épouvanté :
La nation, heureuse et forte,
A reconquis sa liberté.
Pleurons, etc.

Victimes de trois jours funestes,
Vous avez trouvé des vengeurs !
Calmez-vous ; vos glorieux restes
Ont pour linceul nos trois couleurs!

Pleurons les fils de la patrie
Qu'un roi dévouait au trépas;
La liberté, par eux chérie,
Pour eux n'ouvrira plus ses bras.

Justin CABASSOL.

VIVE LA CHARTE !

—

O Liberté! sous ta bannière sainte
Qu'un même cri nous rassemble à jamais!
Élus du peuple, il garde votre enceinte :
Vive la Charte! est le cri des Français.

Puisque les rois ne veulent pas l'entendre,
Dans le forum qu'il aille retentir.
Écho du peuple, apprends-nous à le rendre;
Du tombeau même écoutez-le sortir.
O liberté! etc.

O toi qui meurs pour cette noble cause,
Bénis ton sort : la patrie est en deuil.
Vive la Charte ! est ton apothéose ;
La Liberté veille sur ton cercueil.
O Liberté ! etc.

Vous l'entendez, vous tous, nobles victimes,
Vieux combattans punis de vos exploits ;
Vous qui tenez aussi pour légitimes
Les droits du peuple et la gloire et les lois.
O Liberté ! etc.

Guerriers français, que la tombe nous cache,
Venez montrer à d'impudens soldats
Ce front sans peur et ce glaive sans tache,
Que votre main n'agitait qu'aux combats.
O Liberté ! etc.

D'un cri de paix malheur à qui s'offense !
Soldats d'un jour, barbares sans danger,
Vous opprimez un peuple sans défense ;
Jadis ce fer était pour l'étranger.

O Liberté ! sous ta bannière sainte
Qu'un même cri nous rassemble à jamais !
Élus du peuple, il garde votre enceinte :
Vive la Charte ! est le cri des Français.

Bérang

LA TRICOLORE.

Voilà le drapeau tricolore,
Glorieux enfans de Paris!
Vos bras l'ont reconquis encore.
Nous le saluons de nos cris.
L'Europe tremble quand il brille
Sur le front de nos jeunes rangs,
C'est la Méduse des tyrans,
C'est le drapeau de la Bastille.
Plane sur nos soldats, astre de liberté,
Honneur au grand Paris qui t'a ressuscité!

De nos gloires long-temps flétries
Déchirons le hideux tableau;
La France a pris aux Tuileries
Sa revanche de Waterloo.
Légions de la vieille armée,
Saluez le noble étendard;
Il est jeune encor, mais plus tard
Il se ternira de fumée.
Plane sur nos soldats, astre de liberté!
Honneur au grand Paris qui t'a ressuscité!

Ton triomphe, nouvelle Sparte,
Sur ton sol restera gravé ;
Chaque lettre de notre Charte
Est écrite sur un pavé.
Si, troublant cette grande fête,
L'Europe nous jetait un roi,
Avec les tables de la loi
Que le peuple écrase sa tête.
Plane sur nos soldats, astre de liberté !
Honneur au grand Paris, qui t'a ressuscité !

De notre gloire vieil emblème,
Sur la colonne il s'est placé,
Et des Bourbons le drapeau blême
Comme un spectre s'est effacé.
Les héros ciselés d'Arcole,
La garde gravée au burin,
Suivent la spirale d'airain
Pour le revoir sur la coupole.
Plane sur nos soldats, astre de liberté !
Honneur au grand Paris, qui t'a ressuscité !

Il part de la place Vendôme
De ce vol qui glaçait les rois ;
Sur chaque tour, sur chaque dôme
Ses larges plis cachent la croix.
Déployons dans l'air notre histoire
Aux yeux de nos frères lointains;

Ils liront leurs nouveaux destins
Sur ce télégraphe de gloire.
Plane sur nos soldats, astre de liberté !
Honneur au grand Paris, qui t'a ressuscité !

Que notre flotte ramenée,
Noyant le signe des trois fleurs,
Sur la mer Méditerranée :
Se pavoise des trois couleurs ;
Que les peuples semés sur l'onde,
Nos frères de tous les climats,
En les saluant sur nos mâts,
Chantent la liberté du monde.
Plane sur nos soldats, astre de liberté !
Honneur au grand Paris, qui t'a ressuscité !

Ce drapeau brille à la fenêtre
Du prince qui veut nous unir :
Dans ce palais, qui la vit naître,
La tempête vient de finir.
Sous lui, sous sa féconde race,
Vivons, sans ployer les genoux ;
Soyons fiers d'avoir parmi nous
Un roi que Lafayette embrasse.
Plane sur nos soldats, astre de liberté !
Honneur au grand Paris, qui t'a ressuscité !

BARTHÉLEMY et MÉRY.

LE CHANT DU PEUPLE.

Honneur à toi, Français, peuple de braves,
Souvent trahi, mais toujours indompté !
Quand par tes mains nous cessons d'être esclaves,
Honneur à toi !..... Vive la liberté !
  Vive la liberté !

Philippe ! en toi la France se confie :
Règne, sois roi, par le peuple adopté ;
Mais que toujours avec nous ta voix crie :
Vivent les lois !..... Vive la liberté !
  Vive la liberté !

Et vous aussi, disciples de la France,
Par l'étranger déjà tant respectés,
Vous combattiez pour notre délivrance !
Honneur à vous !..... Vivent nos libertés !
  Vivent nos libertés !

Héros tombés, dont la gloire si belle
Doit vivre autant que la postérité !
De nos trois jours la colonne immortelle
Dira vos noms,..... et notre liberté.
  Vive la liberté !

N'Y REVENEZ PLUS.

Air : *Entendez-vous l'archet de la folie?*

Deux fois chassés et deux fois sans patrie,
Ils gouvernaient, ces princes sans honneur.
Par eux la France aurait été flétrie :
Mais dans Paris s'élève un cri vengeur ;
Elle a sonné, l'heure de délivrance ;
Sous nos remparts les rois sont abattus... :
La liberté va régner sur la France.
Fuyez, tyrans !.... Mais n'y revenez plus ! (*bis.*)

Dans ces grands jours de mémoire immortelle,
Peuple, soldats, savans, enfans des arts,
Tous ont conquis des gloires la plus belle.
De la discorde ont fui les étendards.
Roi, la voilà notre noble jeunesse ;
Des jours nouveaux contemplez les élus.
Bien plus que vous ils sont vieux en sagesse.
Fuyez, tyrans !.... Mais n'y revenez plus ! (*bis.*)

Prince cruel, et prêtres fanatiques,
Vous avez joint le fer à l'encensoir,
Et sur l'esprit de nos fils héroïques
Vous étendiez un sanglant éteignoir.

Partez enfin, et sans que l'on vous plaigne:
Tous nos malheurs, vous les avez voulus ;
Le sang du peuple a taché votre règne.
Fuyez, tyrans !.... Mais n'y revenez plus ! (*bis.*)

CHANT DE VICTOIRE DES PARISIENS.

Air de la Colonne.

Elle a sonné l'heure de la victoire,
Braves Français, vous recouvrez vos droits ;
De vos hauts faits retentira l'histoire,
Votre énergie est la leçon des rois :
Ces oppresseurs dans leur affreux délire
Portaient sur nous leur fer ensanglanté....
 Fils chéris de la Liberté,
 Français ! l'Europe vous admire !

Grands citoyens qu'au cri de la Patrie,
On vit s'armer et voler au danger,
Malgré la bombe et la balle en furie,
En souriant vous couriez vous venger ;
D'un sceptre usé s'est écroulé l'empire,
Le peuple-roi reprend sa dignité ;
 Fils chéris de la Liberté,
 Français ! l'Europe vous admire.

Dès qu'il parut, ce drapeau tricolore,
Brillant vainqueur de tant de nations,
Le vieux soldat retrouvant son aurore
Vers l'ennemi guida nos bataillons ;
Les jeunes preux que même ardeur inspire,
Vont au combat d'un pas précipité.
    Fils chéris de la Liberté,
    Français ! l'Europe vous admire,

Dignes martyrs de la cause sacrée,
On redira vos trépas glorieux ;
La France enfin par vous régénérée
Sur l'univers prend son vol radieux.
Vous dont les doigts font résonner la lyre
Portez leurs noms à l'immortalité.
    Fils chéris de la Liberté,
    Français ! l'Europe vous admire.

L'ordre renaît du sein de la tempête ;
Calme et riant apparaît l'avenir.
Que d'Orléans se place à notre tête,
Et nos lauriers vont bientôt reverdir ;
Serrons nos rangs, que l'anarchie expire.
La France est libre et son nom respecté !
    Fils chéris de la Liberté,
    Français ! l'Europe vous admire.

Jules Desray.

LE 29 JUILLET.

Air : *Mars dort sur le sein de Vénus.*

Joignant ton intrépidité
Aux cris d'une mère chérie,
Français ! les mots : Gloire et Patrie !
Ont reconquis la liberté.

Sous des sceptres vingt fois brisés
On voyait les fils de Lutèce,
Le front surchargé de tristesse,
Faibles, tremblans et divisés.
Mais quel bruit frappe notre oreille ?
L'on veut anéantir leurs droits ;
L'honneur en sursaut les réveille :
L'artisan est l'égal des rois.
Joignant, etc.

Le citadin devient guerrier ;
Bientôt la cartouche civique,
Que chasse un fluide élastique,
Fuit loin du tube meurtrier.
Tout sous le plomb chancelle et tombe ;
L'âme quitte un triste lien ;

Bellone ouvre et ferme la tombe
Du soldat et du citoyen.
Joignant, etc.

Disparaîtrais-tu pour toujours
De cette riante contrée ?
Non, Liberté, vierge sacrée,
Tu nous dois encor de beaux jours;
Vers toi quand notre cœur s'élance
Étonné d'un honteux repos,
Du fer de la terrible lance
Viens encor orner nos drapeaux.
Joignant, etc.

Mais contre l'airain enflammé
Qui donc va prendre ta défense ?
Qui ? Tout, jusqu'à la faible enfance ;
Pour ta sainte cause est armé ;
L'hydre des tyrans se soulève,
Tous ses efforts sont superflus :
Le peuple souverain se lève,
L'esclavage n'est déjà plus.
Joignant, etc.

Français ! montre un front plus serein.
Hier tu rampais dans la poudre;
Viens ressaisir avec la foudre,
Le nom de peuple souverain;

Que le despotisme pâlisse
Et tremble à son dernier moment,
Et que l'univers applaudisse
A ton généreux dévonement.
Joignant, etc.

Que tous les peuples étonnés
Imitent ton noble courage;
A tes vertus rendant hommage,
Que les rois restent consternés;
Et que le drapeau tricolore,
Conquis trois fois en quarante ans,
Puisse leur faire dire encore :
La noblesse est de tous les rangs.

Joignant ton intrépidité
Aux cris d'une mère chérie,
Français ! les mots : Gloire et Patrie !
Ont reconquis la liberté.

F. DAUPHIN.

CHANT NATIONAL.

Air : *O mont Saint-Jean, nouvelles Thermopyles !*

Plus de tyrans ! plus d'arrêts arbitraires !
Raison, reprends tes droits ! peuples, vivez en frères !

La cause de la liberté
Est celle de l'humanité.

Pour réparer ta longue injure,
Pour répondre au sanglant défi
D'un tyran félon et parjure,
Lutèce ! un instant t'a suffi.
Beaux d'indépendance et de gloire,
Tes fils, orgueil du nom français,
Immortalisant leur victoire,
N'ont à rougir d'aucun excès.
Plus de tyrans ! etc.

Aux lieux où, pour ternir nos braves,
Le bon plaisir s'est tout permis,
Où l'on nous forgea mille entraves,
Aucun désordre n'est commis.
L'arbitraire à l'ordre fait place ;
Du palais d'un prince sans foi,
Le grand peuple, sans populace,
S'empare et fait régner la loi.
Plus de tyrans ! etc.

Où sont les promesses du sacre,
Homme cauteleux et croyant ?
Ton Dieu prescrit-il le massacre
D'un peuple bon et confiant ?
Charles-Neuf, que l'histoire accuse,
Faillit moins que toi sur ce point ;

L'audace au crime sert d'excuse;
La lâcheté n'en trouve point.
Plus de tyrans! etc.

Tu parais, héros magnanime,
Du grand Washington digne ami,
Et par ton dévoûment sublime,
Notre courage est affermi.
Les titres que l'orgueil réclame
S'éclipsent tous devant les tiens.
La France entière te proclame
Le plus grand de ses citoyens.
Plus de tyrans! etc.

Toi dont la doctrine suspecte
Convient aux princes absolus,
Fuis loin de nous, coupable secte;
Le prêtre-roi ne règne plus.
Fiers prélats, changez de tactique;
Et prouvez-nous, sans plus tarder,
Qu'avec la liberté publique
Vos dogmes peuvent s'accorder.
Plus de tyrans! etc.

Dispensé d'un zèle hypocrite,
L'honneur du brave est assuré;
Il ne devra plus son mérite
Au certificat d'un curé;

Désormais, d'aller à confesse,
On ne nous fait plus un devoir,
Et l'on pourra manquer la messe
Sans porter ombrage au pouvoir.
Plus de tyrans ! etc.

Et toi dont l'esprit ferme et sage
Au Français offre un sûr appui,
Tu sauras faire un bon usage
Du pouvoir que tu tiens de lui.
De ses droits maintiens l'équilibre :
Jamais peuple n'a mérité
Comme lui d'être heureux et libre,
Et sur son roi n'a plus compté.

Plus de tyrans ! plus d'arrêts arbitraires !
Raison, reprends tes droits ! peuples, vivez en frères !
La cause de la liberté
Est celle de l'humanité. } (bis.)

AUGUSTE GILLES.

LA PARISIENNE.

Air : *Veillons au salut de l'empire.*
Ou *air nouveau* (de Doche).

Eh quoi ! notre terre est rougie !
Quel sang vient donc de la souiller ?

Après quinze ans de léthargie,
Qui donc vient de se réveiller ?
Liberté (*bis*), déité si chère à la patrie,
Est-ce toi ?... Réponds-nous... Écoutons! C'est sa
    Aux armes ! plus de tyrannie !...   [voix !
    Peuple, va ressaisir tes droits !

L'étranger que solde la France
Vient nous frapper d'un plomb mortel !!!...
Est-ce là l'antique vaillance
Des frères de Guillaume Tell ?
Liberté, quoi ! toujours des monts de l'Helvétie,
Tes enfans viendront-ils pour étouffer ta voix ?...
    Ils tombent... plus de tyrannie !
    Le peuple a reconquis ses droits.

Pour l'artisan, au cri de France !
Les combats sont les seuls travaux ;
Sous ces poitrines sans défense
Palpitent des cœurs de héros.
Liberté (*bis*), vrais soldats, ils te donnaient leur vie;
Citoyens (*bis*), avec calme ils observaient les lois.
    Victoire !... plus de tyrannie !
    Le peuple a reconquis ses droits.

Mais tous ces bataillons informes,
Quels guides vont les diriger ?
Voyez ces jeunes uniformes
Briller au plus fort du danger.

Liberté (*bis*), quelle est donc ta puissance infinie !
Qu'ils sont grands! ces enfans accourus à ta voix!
  Victoire!... plus de tyrannie!
  Le peuple a reconquis ses droits.

  Et vous dont la France s'honore,
  Relevez ce front attristé ;
  Reprenez votre luth sonore,
  Poëtes de la liberté !
Liberté (*bis*), qu'à ta voix s'élance le génie !...
Les lauriers des beaux-arts fleuriront sous tes lois.
  Victoire!... plus de tyrannie!
  Le peuple a reconquis ses droits.

  Mais que de pertes on déplore !
  Combien de braves au cercueil !
  Ah ! notre drapeau tricolore
  Est ceint d'une écharpe de deuil !...
Liberté (*bis*), dans les cieux, leur nouvelle patrie,
Que leurs ombres du moins tressaillent à nos voix.
  Victoire!... plus de tyrannie!
  Le peuple a reconquis ses droits.

ÉTIENNE ARAGO, DUVERT et VARIN.

CHANT PATRIOTIQUE.

Air : *Verse, verse les vins de France.*

Honneur aux guerriers citoyens,
Vengeurs d'une gloire appauvrie !
Honneur à la grande patrie
Qui brisa de honteux liens !....

Avec quelle rapidité,
Pour anéantir la puissance,
Sur le front de la royauté,
On courut à l'indépendance !
Honneur aux enfans de la France,
Aux soldats de la liberté !

Après avoir trahi nos droits,
Un roi, bien moins roi que perfide,
Crut, en devenant homicide,
Nous faire trembler à sa voix ;
Mais, tel qu'un débris emporté
Par les flots d'une mer immense,
Contre le roc il a heurté,
Et le roc en tire vengeance.
Honneur, etc.

J'ai vu des milliers de héros,
Sans guides, mais exempts d'alarmes,
Pour combattre, arracher des armes
Aux bras tremblans de leurs bourreaux !
Héroïque fraternité !
J'ai vu la vieillesse et l'enfance,
L'opulence et la pauvreté
S'unir pour notre délivrance !
Honneur, etc.

Au bruit de funèbres tambours,
Quels sont ces convois populaires ?
Ce sont nos enfans et nos frères,
Ce sont les soldats des trois jours !....
Inclinons-nous avec fierté,
Le cercueil triomphal s'avance !!!
Donnons à l'immortalité
Les pleurs de la reconnaissance.....
Honneur, etc.

Mais Philippe apparaît soudain,
Paré de fleurs patriotiques !
Chargé de couronnes civiques,
Et l'épée et les lois en main,
Le prince a dit avec fierté :
Français, croyez à l'espérance....
La charte est une vérité,
Voilà votre arche d'alliance !

3.

Honneur aux enfans de la France,
Aux soldats de la liberté!

J. LEGROS.

CHANT DES MORTS.

Air de la Marseillaise.

Sous cette croix, sous ces brins d'herbe,
Voyez ce tertre ensanglanté,
C'est là le monument superbe
Des martyrs de la liberté. (bis.)
Oui, c'est là le champ des batailles,
L'arène de tant de haut-faits,
Le théâtre de leurs succès.
Et le lieu de leurs funérailles.
Salut!!! morts généreux, salut!!! mânes vainqueurs,
Portez (*bis*) à l'Éternel et nos vœux et nos cœurs.

C'est en mourant pour la patrie
Qu'ils vont à l'immortalité;
Ce jour, à leur tombe chérie,
Emprunte sa solennité. (bis.)

La victoire pare sa tête
Des fleurs qui couvrent leur cercueil ;
Elle sourit et de son deuil
Elle a fait des habits de fête.
Salut ! etc.

Sur cette glorieuse terre
Si quelque bâtard de nos rois,
D'un despotisme héréditaire
Quelque jour menaçait nos droits, (bis.)
De vos noms, de votre mémoire,
Nous ferons l'effroi des tyrans ;
Et vos veuves, à leurs enfans
Renouvelleront votre histoire.
Salut !!! morts généreux, salut !!! mânes vainqueurs,
Portez (bis) à l'Éternel et nos vœux et nos cœurs.

S. S. F....

L'ÉTENDARD AUX TRIPLES COULEURS.

Air de Téniers.

Quel coup de foudre, ou quels soudains miracles
Ont renversé l'idole et ses autels ?....
Ses serviteurs, ses prêtres, ses oracles,
Croyaient sa chute impossible aux mortels.

Près des débris du temple qui s'écroule,
Sur un cyprès, sur des saules pleureurs,
O signe heureux, l'air balance et déroule
    L'étendard aux triples couleurs !

Aux tintemens du tocsin des alarmes,
Dans leurs hôtels nos tyrans ont frémi :
Aux sourds éclats et du bronze et des armes,
Du Louvre ému, les échos ont gémi.
Pour anoblir l'artisan qui s'arrache
A ses foyers, à ses pesans labeurs,
De l'arc-en-ciel la liberté détache
    L'étendard aux triples couleurs.

Oui, c'est un peuple inhabile aux batailles
Qu'on veut surprendre, enchaîner, terrasser ;
Mais ses cent bras ont créé des murailles
Où le vieux sceptre est venu se briser.
Disparaissez, emblemes d'un long drame,
Chiffres, faisceaux de souverains menteurs !
Le Peuple-Roi préfère à l'oriflamme
    L'étendard aux triples couleurs.

Salut ! salut ! toi que la vétérance
Cherchait encor dans un vieux souvenir ;
Salut ! salut ! toi que la jeune France
Entrevoyait dans un riche avenir.

N'exhalons plus que des chants d'allégresse ;
Pour essuyer notre sang et nos pleurs,
Mars au repos confie à ta sagesse
    L'étendard aux triples couleurs.

Tous les Français ont juré d'être libres ;
Ah ! gardez-vous d'entraver leurs projets :
Machiavels, ajusteurs d'équilibres,
Craignez la guerre, et subissez la paix.
Si Wellington compte sur sa puissance,
Si Metternich compte sur ses lenteurs,
Les affranchis mettront dans la balance
    L'étendard aux triples couleurs.

Le noble prix d'une noble conquête
A remplacé ces gothiques drapeaux
Où le destin inscrivait la défaite
Sur un blanc sale, et qui tombe en lambeaux.
De nos succès n'abusons pas en lâches,
Fermons la bouche aux calomniateurs ;
A nos neveux, ah ! transmettons sans taches
    L'étendard aux triples couleurs.

L. Festeau.

AUX MANES DES HÉROS

MORTS POUR LA LIBERTÉ.

Air: *Te souviens-tu? disait un capitaine.*

Un noble sang fume encor dans nos rues,
Il fut versé par le plomb assassin;
Et, sans remords, des cohortes vendues
De la patrie ont déchiré le sein!
Gloire aux héros que leur trépas honore;
Qu'à l'avenir leur nom soit respecté,
Et, s'il le faut, comme eux mourant encore,
Crions comme eux: Vive la liberté!

La Liberté! qui ne mourrait pour elle?
Ses étendards lui sont enfin rendus!
Elle renaît, et plus grande et plus belle,
Après trente ans pour son règne perdus.
Ses fils, couverts des ombres éternelles,
Quand sur leurs fronts ses couleurs ont flotté,
Disaient: Au ciel nous montons sur ses ailes,
Et répétaient: Vive la liberté!

Gloire à leurs noms! De fleurs ornons leur tombe,
Et si leur voix nous défend de pleurer,
Souvenons-nous que leur sang pur retombe
Sur les tyrans qui nous font massacrer.
Sur les tyrans! Mais en est-il encore?
Lâches bourreaux, ils ont tous déserté!
Ah! pour toujours la honte les dévore.
Haine aux tyrans! vive la liberté!

Un jour plus pur luit enfin sur la France;
Le peuple-roi reprend son sceptre d'or;
Notre succès passe notre espérance,
Et l'univers va s'étonner encor.
De ce beau jour ils n'ont vu que l'aurore,
Nos saints martyrs! Mais comme avec fierté
Ils regardaient son beau soleil éclore;
En s'écriant: Vive la liberté!

Du haut des cieux leur foule nous contemple,
Elle nous dit: « Notre sang est versé:
» Sera-ce en vain? Un déplorable exemple
» Parle bien haut, amis, dans le passé!
» Mais si quelqu'un portait sa main coupable
» Sur des lauriers qui nous ont tant coûté,
» Répondez-leur par ce cri redoutable:
» Vive à jamais, vive la liberté!

LE PANTHÉON ROUVERT.

Air : *Vous m'ordonnez de voler à la gloire.*

Quand d'un tyran l'exécrable délire
Fit mitrailler de Paris les enfans,
A des cyprès je suspendis ma lyre.
Je l'ai reprise : ils sont morts triomphans !

Ils ont vaincu cette race flétrie,
Qui dédaignait de régner par les lois ;
Et ces martyrs, en vengeant la patrie,
Ont détrôné le plus fourbe des rois.

En démontrant qu'au seul nom de la France
De vaincre encor le signal est donné,
Ils ont détruit la coupable espérance
Des vils suppôts du prêtre couronné.

A leur malheur que la gloire fidèle
Sur leur cercueil arbore son drapeau !
Que le laurier, le chêne et l'immortelle
S'entrelaçant, ombragent leur tombeau.

Mânes chéris, de vos héros l'image
Ne viendra point renouveler nos pleurs;
Mais en juillet, tous les ans, pour hommage
Vous recevrez des couronnes de fleurs.

Vos nobles cœurs, ô conquérans du Louvre!
Ne respiraient que pour la liberté!
Vous n'êtes plus; mais le Panthéon s'ouvre!
C'est là, Français, qu'est l'immortalité.

P. Colau.

LE COQ GAULOIS.

Air nouveau de Reinnoss.

Salut au Coq, symbole d'espérance;
Vivant en paix avec le monde entier,
S'il ne va pas si loin que l'Aigle altier,
    Il veillera mieux sur la France.

  Sans remonter à nos ancêtres,
  Dont il ornait les boucliers;
    Son cri, toujours fatal aux traîtres,
    Au combat guida nos guerriers;

C'est lui qui, pour sauver Lutèce,
Vola de Paris à Namur ;
Il protégea notre jeunesse :
Confions-lui notre âge mûr.
Salut, etc.

Jadis trop las de voir éclore
Chaque jour des milliers d'abus,
Ses yeux ont fini par se clore,
Mais ils ne se fermeront plus.
Gardien d'une Charte chérie,
Pourra-t-il jamais oublier
Qu'il n'éveilla pas la patrie ?....
C'est lui qu'il fallut réveiller.
Salut, etc.

L'Aigle par des promesses vaines
Trop long-temps sut nous abuser ;
C'est lui qui reforgea nos chaînes,
Le Coq venait de les briser.
S'il eut les passions trop vives,
Ce Coq les modère aujourd'hui :
Il n'ira pas sur d'autres rives ;
Malheur à qui viendrait chez lui !
Salut, etc.

L'Aigle adopta notre rivage;
Mais les revers sont arrivés :

Il nous laissa faire naufrage :
Notre Coq nous aurait sauvés ;
Et si jamais sur ma patrie
Un orage grondait encor,
A travers les flots en furie
Le Coq nous conduirait au port.
Salut, etc.

Ni l'Aigle hautain de la Prusse,
Ni les deux Aigles du Germain,
Ni l'Aigle à deux têtes du Russe
N'ont pas su l'offenser en vain :
Il dispose aussi de la foudre,
Et les remparts qu'il renversa
A peine ont caché sous la poudre
La trace des feux qu'il lança.
Salut, etc.

Le voilà rentré dans la lice :
Il a saisi, dans son essor,
D'un côté la main de justice,
De l'autre un drapeau tricolor.
Une guirlande d'immortelles
Sur son front vient de s'arrondir ;
Et le battement de ses ailes
Nous promet un doux avenir.

Salut au Coq, symbole d'espérance,
Vivant en paix avec le monde entier ;
S'il ne va pas si loin que l'Aigle altier,
Il veillera mieux sur la France!

P. Émile Debraux.

L'ÉCOLE POLYTECHNIQUE

AUX JOURNÉES DE JUILLET 1830.

ODE.

L'heure de mort sonnait : l'infâme tyrannie
Sous ses vils étendards rassemblait des bourreaux ;
Et, depuis trop long-temps, la liberté bannie
Déployait dans les airs ses radieux drapeaux.
Le tambour bat la charge, au loin on crie : Aux armes !
Stupides assassins ! vos balles ont sifflé,
Et des yeux maternels se sont ouverts aux larmes ;
    Car déjà le sang a coulé.

Les coups ont retenti : nos citoyens sans craintes
Apprennent à mourir, et ne reculent pas.
De nombreux ennemis ils bravent les atteintes ;
Mais sans armes, sans chefs, ils n'ont que le trépas.

Dans nos rangs courageux, en vain est un d'Arcole;
Un Benoît, un Seghers; déjà nous succombons :
Soudain les jeunes gens de l'immortelle école
      Viennent guider nos bataillons.

Ils livrèrent combat à l'Europe en furie,
Quand aux murs de Paris pénétra l'étranger :
Ils volèrent jadis au cri de la patrie;
Ils viennent aujourd'hui, puisqu'elle est en danger.
Élus nos généraux, ils sont à notre tête;
A notre premier rang on les voit accourir :
L'airain, le fer, le feu, n'ont rien qui les arrête;
      Comme eux il faut vaincre ou mourir.

Dans tous les cœurs français l'héroïsme s'allume,
Pour le mousquet, le peintre a quitté ses pinceaux,
L'artisan ses outils, le poëte sa plume,
Enfin Paris entier est là, sous les drapeaux.
Le hideux despotisme a besoin de sicaires
Pour soutenir encor son sceptre détesté;
Un seul mot fait lever des masses populaires,
      Le mot sacré de liberté !

Tous nos concitoyens poussent ce cri de guerre;
Nos jeunes commandans, avec de tels guerriers,
Ne seront pas trahis comme ils furent naguère;
Ils n'auront avec nous qu'à cueillir des lauriers.

Leur sang coule; et frappés de blessures cruelles,
Plusieurs de ces héros meurent en combattant.
Couvrons leurs corps sacrés de cyprès, d'immortelles :
 Ils vivront éternellement.

Leur glorieux martyre invoque la vengeance;
Dans le sang des royaux qu'on lave nos affronts;
Vengeons-les, vengeons-nous, et délivrons la France
D'un joug qui trop long-temps a pesé sur nos fronts.
Écrasons à la fois ces gardes sanguinaires;
En vain leurs rangs pressés brillent de mille éclairs;
Au cri de liberté, tuons ces mercenaires
 Soudoyés pour river nos fers.

Enfin Paris est libre, et déjà la victoire
A de nouveaux lauriers couvert ses vieux enfans.
Sur nos murs, nos palais, nos monumens de gloire
Flottent des trois couleurs les drapeaux triomphans.
Elle n'est déjà plus cette race d'esclaves,
De lâches courtisans, au joug honteux pliés :
Elle avait médité de nous charger d'entraves;
 Vaincue, elle rampe à nos pieds.

ÉDOUARD OURLIAC.

LE PATRIOTE BUTEUX.

Air : *Faut d'la vertu ; pas trop n'en faut.*

J'somm's à présent libres, morgué !
J'allons êt'p'us heureux, p'us gai ! (*bis.*)
D'Mangin nous n'craignons p'us les niches ;
L'beau sex' ne s'ra p'us en émoi ;
P'us d' muselièr's à nos caniches !
I's vont trotter comme vous et moi.
J' somm's, etc.

Adieu, gendarm's et sergens d' ville :
Vous pouvez rentrer dans l' civil ;
Sachez que dans eun' guerr' civile,
N' faut pas toujours être incivil.
J' somm's, etc.

J'ai su désarmer p'us d'un poss'e
Qui voulait jouer du mousqueton ;
Aux coups d' feu, ferme à la riposs'e,
J' répondais par des coups d' bâton.
J' somm's, etc.

J'ai nourri de mainte cartouche
Le fusil qu' j'avais empoïgné;
Et quand Jérôm' me criait : « Touche!... »
J' touchais les *rouges* dans l' soigné.
J' somm's, etc.

J' suis farceur : dans les Tuileries,
J'ai fait le roi, foi de Buteux :
I' fallait voir tout's mes sing'ries !
Su l' trôn' j'ai placé mon pé....
J' somm's, etc.

Not' commandant polytechnique
Nous disait avec fermeté :
« Point de pillage !.... » Mais bernique !
J'ai bu le vin d' sa majesté.
J' somm's, etc.

Quoi qu'en dis'nt des visag's ben ternes
Qui veul'nt su' nous fair' des propos,
Nous n'avons détruit qu' des... lanternes,
Nous n'avons pendu qu' des... drapeaux.
J' somm's, etc.

Si, pour se mettre p'us à l'aise,
Nos voisins vienn'nt su' l' sol natal,
Nous leu' chant'rons la *Marseillaise*,
Avec accompagn'ment d' *brutal*.
J' somm's, etc.

D'Orléans va-t-êt' not' pilote :
Not' barqu' march'ra z-avec succès;
Ce n' s' ra pas le roi d' la calotte :
Ce sera le roi des Français.
J' somm's, etc.

Pour m'engager dans la *mobile*,
J'avais quitté vest', tabélier.
Licencié !... ç'a m'a r'mué la bile :
Mais d'puis j' chantons à l'atelier ;
J' somm's à présent libres, morgué,
J'allons êt' p'us heureux, p'us gai' !

Justin Cabassol.

LE CHANT DU DÉPART.

La victoire en chantant nous ouvre la barrière,
  La liberté guide nos pas;
Et du nord au midi la trompette guerrière
  A sonné l'heure des combats.
  Tremblez, ennemis de la France,
  Rois ivres de sang et d'orgueil;
  Le peuple souverain s'avance;
  Tyrans, descendez au cercueil !

La république nous appelle ;
Sachons vaincre ou sachons périr,
Un Français doit vivre pour elle ;
Pour elle un Français doit mourir.

De nos yeux maternels ne craignez point les larmes;
  Loin de nous de lâches douleurs ;
Nous devons triompher quand vous prenez les ar-
  C'est aux rois de verser des pleurs. [mes ;
  Nous vous avons donné la vie ;
  Guerriers ! elle n'est plus à vous ;
  Tous vos jours sont à la patrie ;
  Elle est votre mère avant nous.
  La république, etc.

Que le fer paternel arme la main des braves ;
  Songez à nous aux champs de Mars :
Consacrez dans le sang des rois et des esclaves
  Ce fer béni par vos vieillards ;
  Et, rapportant sous la chaumière
  Des blessures et des vertus,
  Venez fermer notre paupière,
  Quand les tyrans ne seront plus !
  La république, etc.

De Barras, de Viala le sort nous fait envie ;
  Ils sont morts, mais ils ont vaincu.
Le lâche, accablé d'ans, n'a point connu la vie ;
  Qui meurt pour le peuple a vécu.

Vous êtes vaillans, nous le sommes;
Guidez-nous contre les tyrans,
Les républicains sont des hommes;
Les esclaves sont des enfans.
La république, etc.

Partez, vaillans époux; les combats sont vos fêtes;
 Partez, modèles des guerriers :
Nous cueillerons des fleurs pour en ceindre vos
 Nos mains tresseront vos lauriers. [têtes;
 Et si le temple de mémoire
 S'ouvrait à vos mânes vainqueurs,
 Nos voix chanteront votre gloire,
 Et nos flancs portent vos vengeurs !
 La république, etc.

Et nous, sœurs des héros, nous qui de l'hyménée
 Ignorons les aimables nœuds,
Si, pour s'unir un jour à notre destinée,
 Les citoyens forment des vœux,
 Qu'ils reviennent dans nos murailles
 Beaux de gloire et de liberté,
 Et que leur sang, dans les batailles,
 Ait coulé pour l'égalité.
 La république, etc.

Sur ce fer, devant Dieu, nous jurons à nos pères,
 A nos épouses, à nos sœurs,

A nos représentans, à nos fils, à nos mères,
D'anéantir les oppresseurs.
En tous lieux dans la nuit profonde
Plongeant l'infâme royauté,
Les Français donneront au monde
Et la paix et la liberté.

La république nous appelle;
Sachons vaincre, ou sachons périr :
Un Français doit vivre pour elle;
Pour elle un Français doit mourir.

Chénier.

LE RÉVEIL DU LION.

Air : *Et le bon Dieu vous bénira.*

Fils des vainqueurs de la Bastille,
Célèbres enfans de Paris,
Sur vos fronts quelle gloire brille
Aux yeux de l'univers surpris !
Si vous dormîtes seize années
Sous le joug de l'oppression,
Vos trois immortelles journées
Offrent le réveil du lion !

De la liberté le génie,
En relevant son fier drapeau,
Sous les yeux de la tyrannie
Vient de rallumer son flambeau !
Ah ! qu'il cherche ailleurs des esclaves,
L'ennemi de la nation :
Montrer des chaînes à des braves,
C'est donner l'éveil au lion.

Quand la chance d'une bataille
Entra dans ses affreux moyens,
Marmont crut-il sous la mitraille
Ecraser tous les citoyens ?
Aux sabres offrant leur poitrine,
Je les vois dans cette action !
Un seul sentiment les domine,
Et c'est le réveil du lion !

Déjà tous, avec ou sans armes,
Vont affronter d'anciens guerriers ;
La beauté, retenant ses larmes,
Déjà leur montre des lauriers !
Pour la patrie et pour la gloire,
Mourir est leur ambiton :
Mais bientôt pour eux la victoire
Est due au réveil du lion.

Dans ce terrible et brusque orage,
Sans projet ni plan concerté,

5

Que de sang-froid, que de courage
Parmi le peuple ont éclaté !
Ils ont fui, les agens du crime !
Roi que la congrégation,
A précipité dans l'abîme,
Connais le réveil du lion !

Juge un peu mieux de cette école
De jeunes guerriers valeureux,
Dignes des vieux soldats d'Arcole,
Autant que braves, généreux !
Que leur conduite fut loyale
Dans la sainte insurrection ;
Partout, sur la garde royale,
Ils ont dirigé le lion.

Partageant la palme héroïque,
Qui d'un zèle ardent est le fruit,
Honneur à toi, garde civique,
Que le tyran avait détruit :
De t'offrir l'honneur pour principe,
Lafayette a la mission,
Et le bonheur, sous Louis-Philippe,
Naîtra du réveil du lion.

Les Romains, ces maîtres du monde,
Ces destructeurs de leurs tyrans,
Prescrivant une race immonde,
Ont-ils jamais été plus grands ?

Aux héros d'Athènes, de Sparte,
Doit-on tant d'admiration,
Quand on voit, pour venger sa Charte,
La France éveillant son lion !

P. Colau.

LE SALUT DE LA FRANCE.

Air : *Vous qui d'amoureuse aventure.*

Veillons au salut de l'empire,
Veillons au maintien de nos droits ;
Si l'aristocrate conspire,
Frappons-le du glaive des lois.
Liberté ! liberté ! que tout mortel te rende hommage ;
Tyrans, tremblez ! vous allez expier vos forfaits !
Plutôt la mort que l'esclavage :
C'est la devise des Français.

Du salut de notre patrie
Dépend celui de l'univers ;
Si jamais elle est asservie,
Tous les peuples sont dans les fers.

Liberté ! liberté ! que tout mortel te rende hommage ;
Tyrans, tremblez ! vous allez expier vos forfaits !
 Plutôt la mort que l'esclavage :
 C'est la devise des Français.

 Ennemis de la tyrannie,
 Paraissez tous, armez vos bras ;
 Du fond de l'Europe avilie
 Avec nous marchez aux combats.
Liberté ! liberté ! que ce nom sacré nous rallie !
Poursuivons les tyrans ; punissons leurs forfaits !
 Nous servons la même patrie,
 Les hommes libres sont Français.

RONDE NATIONALE.

Air de la Parisienne.

 Gloire à ton généreux courage,
 O peuple vengeur de tes lois !
 Secouant un vil esclavage,
 Tu viens de conquérir tes droits !

 La liberté qui nous convie,
 Nous dit de fêter la patrie.

Mes amis, chantons!
Pour elle buvons!
Trinquons! imitons le fracas des canons!
Buvons à la patrie!

Des tyrans brisant l'insolence,
Vainqueur! tu dédaignes leur mort;
Et par ta sublime clémence
Tu sais les rabaisser encor!
La liberté, etc.

Ils croyaient, sous tes funérailles,
Ensevelir la liberté;
Mais leurs canons, sur tes murailles,
Gravaient ton immortalité!
La liberté, etc.

Ton exil, drapeau tricolore,
Après quinze ans vient de cesser;
Ton heureux retour est l'aurore
Des beaux jours qui vont commencer!
La liberté, etc.

Jadis, une gloire immortelle
A consacré tes trois couleurs!
A l'Europe aujourd'hui rappelle,
Noble étendard, ses fiers vainqueurs!
La liberté, etc.

Tu peux rajeunir d'espérance,
O peuple! vois, avec fierté,
Grandir, pour l'orgueil de la France,
Ces enfans de la liberté!
La liberté, etc.

Quel avenir ils nous signalent!
Leurs cœurs, par la gloire ennoblis,
A vingt ans déjà vous égalent,
Vainqueurs d'Iéna, d'Austerlitz!
La liberté, etc.

Partout où le péril abonde,
Les voyez-vous, au premier rang,
Du peuple, sur l'airain qui gronde,
Pousser l'invincible torrent?
La liberté, etc.

Mais quelle lugubre harmonie!
Le tocsin!... Soudain tout Paris
Se lève!... et de la tyrannie,
Foule aux pieds les derniers débris!
La liberté, etc.

De tant d'exploits qu'un jour l'histoire
Etonnant la postérité,
Lui dise : Toujours la victoire
Marche auprès de la liberté!

La liberté, qui nous convie,
Nous dit de fêter la patrie.
  Mes amis, chantons!
  Pour elle buvons!
Trinquons! imitons le fracas des canons!
  Buvons à la patrie!

A. Husson.

ILS L'ONT VOULU !!!

CHANT NATIONAL.

Air de la Colonne.

Il l'ont voulu! peuple intrépide, aux armes!
Brise tes fers sur le front de ces rois
Qui cimentaient leur trône avec tes larmes;
Lève-toi, peuple, et ressaisis tes droits. (*bis.*)
La liberté, qui couve sous son aile
Tant d'élémens de gloire et de grandeur,
 D'un long avenir de bonheur
 Va doter la France nouvelle. (*ter.*)

Ils l'ont voulu !!! mais en vain leur milice
S'associrait à leurs sanglans désirs;
Il nous suffit de rentrer dans la lice
Armés encor de nos vieux souvenirs. (*bis.*)

Répudiant une cause si belle,
Les insensés ne savent-ils donc pas
 Que tous les Français sont soldats
 Pour venger la France nouvelle ? *(ter.)*

Ils l'ont voulu !!! le drapeau tricolore
Verse un reflet de gloire sur nos fronts.
Il a vaincu ; ne peut-il vaincre encore ?
Il doit planer sur tous nos Panthéons. *(bis.)*
Les yeux tournés vers le drapeau fidèle,
Qu'il doit avoir appris à respecter,
 Le monde entier va répéter :
 Honneur à la France nouvelle ! *(ter.)*

CHANT DU BLESSÉ

AUX JOURNÉES DE JUILLET 1830.

Paris triomphe, et je vois ma bannière
Étinceler au front d'un monument
Où des tyrans levaient leur tête altière...
Déjà je touche à mon heure dernière,
Je vais mourir.... mais je mourrai content.

 Terre chérie,
  Objet d'amour,
 Belle patrie
Tu seras libre un jour.

Quand on m'a dit : La liberté t'appelle,
Dans mes foyers je goûtais le repos ;
Vieux grenadier, je combattis pour elle :
Soudain j'ai pris mon armure fidèle,
Et la victoire a suivi nos drapeaux.
   Terre chérie, etc.

Je saluai l'étendard tricolore,
Quand je le vis dans nos rangs valeureux :
Il revenait comme une belle aurore ;
Sous ce drapeau j'ai pu combattre encore.
O ma patrie, oh ! que je suis heureux.
   Terre chérie, etc.

J'avais deux fils.... Ils dorment sous la pierre.
On a frappé l'espoir de mes vieux ans,
Et leur sang pur a jailli sur leur père.
Ce sacrifice, ô France, doit te plaire ;
O mon pays ! accepte ces présens.
   Terre chérie, etc.

Je les vengeais ; la balle meurtrière
M'atteint aussi sur leurs corps palpitans.
Le coup fatal est de la main d'un frère ;
Je tombe, hélas ! mon sang rougit la terre
Et va se joindre au sang de mes enfans.
   Terre chérie, etc.

O liberté, jouis de notre ouvrage,
Pour les Français fais luire ton flambeau,
Et ne crains pas que jamais on t'outrage :
Pour te venger qui n'aurait du courage ?....
Adieu.....je meurs.....Gravez sur mon tombeau :
  Terre chérie,
  Objet d'amour,
  Belle patrie
 Tu seras libre un jour.

ÉDOUARD OURLIAC.

LE DRAPEAU TRICOLORE.

Les voilà ces couleurs peintes dans ma mémoire,
Qui flottaient dans l'air libre, autour de mon berceau !
Le voilà ce doux prisme où j'ai vu tant de gloire !
Ralliez-vous, Français ! voilà votre drapeau.

On le brise, on le brûle, on ne saurait l'éteindre ;
Il renaît de sa cendre ; il se rallume au jour. [treindre
O grand peuple ! il t'ombrage ; et c'est pour mieux t'é-
Qu'il est tombé du ciel dans son réveil d'amour.

Voyez, c'est l'arc sauveur qui brille après l'orage ;
Voyez, de toutes parts il cerne l'horizon.
Phare, long-temps voilé, guide ardent du courage,
Aimé,.... comme un ami qui sort de sa prison.

Le voilà ce trésor, linceul de tant de braves !
Qu'on l'étende sur eux, c'est pour lui qu'ils sont morts :
Qu'il est grand dans les airs, sorti de ses entraves !
Qu'il est beau dans vos bras, dans vos rangs sans remords.

Sentez-vous palpiter la tombe fraîche, immense
De nos jeunes héros ? Français, que vos couleurs
Se baignent dans leur gloire où la nôtre commence :
Baptisez le drapeau par leur sang et nos pleurs !

Et Dieu le répandra comme un sillon de flamme ;
Des montagnes sur l'onde, et du ciel au vallon,
Liberté ! liberté ! vœu du cœur, cri de l'âme,
Le monde a des échos pour répéter ton nom.

Madame Desbordes-Valmore.

LE SOLDAT.

Air du Soldat et du Berger.

La bannière de la vaillance
Avait paru dans les hameaux ;
Et ma rustique adolescence
Délaissa les humbles travaux.
En vain une mère chérie
Mêla ses pleurs à mes regrets ;
Je la quittai pour la patrie :
  J'étais Français.   (*bis*)

Ce ruban fertile en miracles,
Quand les exploits étaient comptés,
De l'honneur servant les oracles,
Étonnait les peuples domptés.
Ma main, par l'audace aguerrie,
Ouvrait un glorieux accès
Au drapeau cher à la patrie,
  Cher aux Français !

Destin jaloux, à mes services
Tu voulus ravir ce trépas :
Je vécus...., et mes cicatrices
Défiaient de nouveaux combats.

La victoire, mal affermie,
Douta de ses propres succès,
Lorsqu'elle entrait en ennemie
    Chez les Français.

Mais du sort pour doubler l'injure,
Parmi nous étaient des Bourmont,
Qui de l'opprobre du parjure
Avaient déjà sali leur front.
Vainement leur lâche industrie
Se promit de nouveaux succès :
Quiconque a vendu la patrie
    N'est plus Français.

Jours de gloire, brillez encore !
Charle a souillé l'honneur des lis,
Et le grand drapeau tricolore
Proclame nos droits rétablis.
En trois jours, lorsque ma patrie
Chasse les tyrans à jamais,
Avec plus d'orgueil on s'écrie :
    »Je suis Français ! »

Nestor de Lamarque.

LA REVUE.

Enfans de Paris, que la France
Proclame ses libérateurs,
Vous dont l'héroïque vaillance
Brisa le joug des oppresseurs :
Soldats de la grande semaine !
Si bouillans aux jours des combats !
Maintenant calmes, l'arme au bras,
Marchez ! milice citoyenne !
Votre vieux général fait entendre sa voix :
Marchez à la défense et du trône et des lois.

Oui, Lafayette vous appelle :
Ce Nestor de la liberté
A d'une jeunesse nouvelle
Repris la force et la fierté.
Sa main, du drapeau tricolore
Qu'ombrage le coq des Gaulois,
Vient aujourd'hui comme autrefois,
Saluer la naissante aurore :
De votre général reconnaissez la voix ;
Marchez à la défense et du trône et des lois.

Sous Lafayette, pour Philippe,
Armez vos bras, formez vos rangs !
Philippe ! dont le nom dissipe
L'effroi qu'inspiraient nos tyrans !
Le roi-citoyen vous regarde,
Paré de vos triples couleurs :
Laissez vers lui voler vos cœurs !
Que votre amour seul soit sa garde.
De votre général reconnaissez la voix :
Marchez à la défense et du trône et des lois.

Quinze ans une race abhorrée
Nous foula d'un sceptre d'airain ;
Quinze ans de la France éplorée
La plainte retentit en vain :
Mais vient le jour de la vengeance,
L'autre Stuart fuit exilé ;
Philippe au trône est appelé,
Et partout renaît l'espérance !
De votre général reconnaissez la voix :
Marchez à la défense et du trône et des lois.

Vivent Philippe et la Patrie,
Lafayette et la liberté !
Leur mémoire toujours unie
Vivra dans la postérité.
Honneur à la ville immortelle !
Honneur aux enfans de Paris !

Leurs bras ont sauvé leur pays :
Que leur gloire soit éternelle !
De votre général entendez-vous la voix ?
Marchez à la défense et du trône et des lois.

Gloire aux généreuses victimes
Que frappa l'airain des combats !
Gloire à ces guerriers magnanimes !
Leurs nobles noms ne mourront pas !
Leur sang fume encore et répète :
Voyez quel prix nous a coûté
La chute d'un joug détesté !
Conservez bien notre conquête !
Soldats ! des héros morts reconnaissez la voix !
Marchez à la défense et du trône et des lois.

A. DESNOYERS.

LA REVUE DU CHAMP DE MARS.

Air : *Amis ; voici la riante semaine* (Carnaval de Béranger).

Coq des Gaulois, étends sur nous tes ailes ;
Triple couleur, va briller dans les airs.

Votre aspect seul foudroya les rebelles,
Votre aspect seul fait trembler l'univers.
Le peuple franc est brave et magnanime,
Et dans l'histoire il tient le premier rang ;
Par la clémence il s'est rendu sublime,
Quand par la gloire il était déjà grand.

Jour glorieux, que vingt siècles peut-être
Ne pourront plus offrir à nos neveux,
Où tout un peuple est venu reconnaître
Non pas un roi, mais un chef valeureux.
« Un mois, au plus, a dissipé l'orage,
» Se disait-on avec la même ardeur ;
» Vingt-neuf juillet éclaira le carnage,
» Vingt-neuf août éclaire le bonheur. »

Des vrais Français Philippe a pu, je pense,
Juger l'amour, amour franc et loyal ;
Il a pu voir combien leur espérance
Sur lui fondait un bonheur sans égal.
On l'aime ! il aime ! et cette double flamme
Doit de nos maux annoncer le départ ;
Et le ciel même, aussi pur que son âme,
De nos plaisirs voulut prendre sa part.

Voyez les Francs de la vieille Lutèce,
Soldats d'un jour, héros le lendemain,
Pour l'admirer ils doublent de vitesse,
Pour le défendre ils ont le glaive en main.

Unis entr'eux, et tous prêts à combattre
Pour leur pays, Philippe et tous nos droits....
C'est le faisceau que rien ne peut abattre,
Et dont la force est l'appui des bons rois.

Peuple Français, reprenant ton tonnerre,
Tu foudroyas le plus lâche des rois *,
Ce roi pour qui l'honneur était chimère,
Ce roi félon, ce bourreau de nos lois.
Réjouis-toi, France ; un destin prospère
Sera le prix de tes nobles succès !...
Un roi n'est roi que s'il gouverne en père,
Et d'Orléans est le roi des Français.

Près de Philippe, effroi de l'esclavage,
Noble Mentor des révolutions,
Voyez celui dont le noble courage
Sauva trois fois deux grandes nations.
Son nom, assis sur des bases solides,
Sera redit par la postérité !...
Et Lafayette aura ses invalides
Dans le palais de l'Immortalité.

Vit-on jamais un semblable délire ?
O Champ-de-Mars ! redis avec fierté :

---

* J'ai pris la licence de répéter cette rime, et de ne point éviter les consonnances en *oi* pour ne point affaiblir l'idée principale de ce couplet.

« Dans tous les cœurs les traîtres pouvaient lire
» Courage, amour, union, liberté. »
Redis encore ici quel plaisir brille !
Redis encore, en parlant d'Orléans :
« Vit-on jamais un père de famille
» Pouvoir compter trente millions d'enfans ? »

Emile Cottenet.

L'ÉCHO DES MONTAGNES.

Air : *Et le bon Dieu vous bénira.*

Le vieux Rémond, prudent et sage,
Disait aux jeunes villageois :
« Ecoutez le brillant ramage
» Des légers habitans des bois.
» Il n'ont jamais dans nos campagnes
» Craint la moindre captivité ;
» Le doux écho de nos montagnes
» Redit leurs chants de liberté. » (*bis.*)

Près de lui voyez la jeunesse
Gaîment écouter ses leçons ;
A leurs jeux son cœur s'intéresse ;
Il leur dit même en ses chansons :

« Heureux enfans de nos campagnes,
» Un Dieu bénit votre gaité ;
» Le doux écho de nos montagnes
» Redit vos chants de liberté. »   (bis.)

Un matin, d'une voix sonore,
« Partagez, dit-il, mon bonheur ;
» C'est le mien, c'est le vôtre encore ;
» Des méchans Paris est vainqueur.
» Depuis ce jour, dans nos campagnes
» L'illustre étendard est planté ;
» Le doux écho de nos montagnes
» Redit vos chants de liberté. »   (bis.)

Chez nous, si des rois en furie
Guidaient encor leurs bataillons,
Loin d'asservir notre patrie,
Ils périraient dans nos sillons !
C'est alors que dans nos campagnes
Chacun ferait, avec fierté,
Redire aux échos des montagnes
Le noble chant de liberté.

JAMAIN.

LA FAUBOURIENNE.

Air de la Colonne.

L'mardi matin, vingt-sept, à la Courtille,
Vrais faubouriens, au cabaret assis,
Nous buvions tous, et dans c'te pacotille,
Des brocs de vin à huit ou ben à six,
Mais sans porter la santé d'Charles dix.
J'prends un journal... On conçoit ma surprise
   Quand j'lis qu'on méconnaît nos droits,
   Qu'Charles bris' et la Charte et les lois...
   Ma foi! de suite ça me dégrise.

Allons! amis, que j'dis, v'là l'peuple-prêtre,
Comm' l'a nommé l'courageux Montlosier,
Qui lèv' le front... Pour le fair' disparaître
Courons, au lieu d'nous rincer le gosier,
Chez l'fourbisseur ou chez l'arquebusier.
Lorsque le roi, loin d'calmer nos souffrances,
   Glisse le poison dans not' sein;
   Chassons un pareil médecin,
   Et déchirons ses ordonnances.

Nous v'là partis, la casquett' sur l'oreille,
Sans boire un coup, jusqu'au Palais-Royal.

Arrivés là, d'une ardeur sans pareille,
Nous crions tous : A bas l'roi déloyal ;
Et, Vive la Charte ! est notre cri général.
De temps en temps des balles importunes
   Venaient s'mêler à notre bruit.
   Je m'dis : V'là des balles sans fruit ;
   Nous n'somm's pas venus pour des prunes.

Le mercredi l'brutal se fait entendre ;
Et méprisant le sabre et les boulets,
Nous accourons, et v'là qu'pour nous défendre
Nous ne trouvons que des manch's à balais,
Mais tout est bon quand on a l'cœur français.
Aucun d'nous derrièr' lui ne regarde ;
   Chaqu' cabaret s'offrait en vain :
   Aux canons du marchand de vin
   Nous préférions ceux de la garde.

En un clin d'œil, d'ceux qu'nous faisons des-
Nous empoignons les fusils, les briquets, [cendre,
Chaque ultra bleu veut en vain se défendre,
Pour l'autre monde il va faire ses paquets,
Et de la mort fait les derniers hoquets.
J'dis : Ça va ben ; vrais Français, plus d'alarmes,
   D'y rev'nir ils n's'ront plus charmés ;
   Ils sav'nt que pour êt' désarmés
   Ils n'ont qu'à présenter les armes.

Arriv' jeudi, v'là qu'nous allons au Louvre,
Les ball's pleuvaient, mais sans nous retenir ;
« C'est bon, que j'dis, il faudra ben qu'on l'ouv-
» De la vieill' garde offrons le souvenir ; (vre ;
» Il faut ici triompher ou mourir.
» Allons, amis ! qu'la fureur nous transporte !
   » En avant !..., tous moyens sont bons :
   » D'not' sang, en arrosant les gonds ;
   » Nous saurons ben ouvrir la porte. »

Le Louvre est pris aux cris d'Vive la Charte ;
Au Carrousel, grand train, nous galopons ;
Nous y v'là tous, et sans perdre la carte
Nous tiraillons, nous sabrons, nous tapons,
Et dans l'château, pêl'-mêl', nous entrons :
C'est à qui f'rait l'plus de plaisanteries.
   Sur l'X chacun faisait un' croix...
   Nous étions plus heureux qu'des rois
   En entrant dans les Tuileries.

Ouf ! respirons ! v'là d'la besogne faite,
Le tricolore est sus l'grand pavillon.
D'la liberté pisqu' nous sommes au faîte,
Il est ben temps d'aller fair' réveillon,
Rentrons chez nous sans fair' de carillon.
J'ai fait mon d'voir, sans craindre qu'on m'é-
   J'étais partout où-s-qu'il f'sait chaud.[charpe,

La preuv' que j'n'étais pas manchot,
C'est que j'ai mon bras en écharpe.

L'travail va r'prendre, et, sans qu'il y paraisse,
Aux ateliers nous courons, dam'! faut voir.
Vrais faubouriens, nous blâmons la paresse :
Envers nos chefs j'connaissons not' devoir,
Et chacun d'eux connaît notre savoir.
Nous ons prouvé, sans la moindre vergogne,
Qu'on peut nous donner des travaux,
Et qu'nous n'craignons pas de rivaux
Pour aller plus vite en besogne.

Emile Cottenet.

LES JÉSUITES.

Air de la Marseillaise.

Allons! enfans de la victoire,
Préparez-vous, armez vos bras ;
Il est encor des jours de gloire
Pour nous dans de nouveaux combats.
Dans nos cités, dans nos campagnes,
Les voyez-vous, ces imposteurs ?
Ils viennent, fléau de nos mœurs,
Corrompre nos fils, nos compagnes.
Aux armes, vrais Français, marchez tous réunis ;
Marchez (*bis*)! de Loyola renversez les appuis!

Que veut cette horde affamée
De frocards, de moines errans?
Que veut à la France alarmée
Cette lèpre de fainéans?
La replonger dans la misère;
Des arts éteindre les flambeaux,
Et se partager les lambeaux
De la nation tributaire.
Aux armes, etc.

Tremblez! infâmes régicides,
Transfuges de tous les partis!
Oui, tremblez! ennemis perfides,
Vous allez être anéantis!
Vainement l'enfer vous protége:
Le Tout-Puissant est en courroux!
Son tonnerre gronde sur vous!
Il va frapper le sacrilége.
Aux armes, etc.

Cherchez, dans un autre royaume,
Un asile pour les forfaits;
Rome même, la sainte Rome,
Vous a chassés de ses palais.
Allez dans un autre hémisphère
Porter le masque des vertus,
Où vos crimes soient inconnus,
S'il est quelque rive étrangère.
Aux armes, etc.

C'est donc toi, ma noble patrie,
Le plus illustre des états,
Des ressources de l'industrie
Qui doit nourrir tous les ingrats !
Pour répondre à ta bienfaisance,
Tu les verras, monstres affreux !
Du sang d'un peuple généreux
Inonder le sol de la France,
Aux armes ! vrais Français, marchez tous réunis !
Marchez (*bis*) ! de Loyola renversez les appuis !

C.-J. BERTU.

HONNEUR ET PATRIE.

Air de la Sentinelle.

De nos trois jours consacrons les hauts-faits ;
Calmons les maux et tarissons les larmes,
A l'orphelin prodiguons les bienfaits,
De tous les cœurs dissipons les alarmes,
   Et, si jamais le sort jaloux
   Voulait abaisser notre gloire,
   Au lieu de nous battre entre nous,
   Serrons nos rangs, et marchons tous
   Sous le drapeau de la victoire.

Tremblez! tremblez! des tyrans vils suppôts,
Vos noirs forfaits ont fourni leur carrière :
Le ciel vengeur punira nos bourreaux;
Déjà sur vous a grondé son tonnerre !
 Loin de nous fussiez-vous bannis !
 Puissent le crime et l'impuissance
 Partout recueillir le mépris !
 Le mal qu'on fait à son pays
 Ne reste jamais sans vengeance.

Auguste espoir de notre liberté,
Des vieux soldats émule de vaillance,
Le Parisien, marchant à ton côté,
Brava la mort, vainquit, sauva la France.
 La renommée et ses cent voix
 Ne sauraient suffire à ta gloire;
 Sous nos triples couleurs, deux fois
 Nos murs ont vu que tes exploits
 Donnaient cent bras à la victoire.

Morts révérés, moteurs de nos succès,
Dont les vertus passeront d'âge en âge,
De vos efforts les étonnans effets
De l'univers ont commandé l'hommage.
 Des conquérans les noms altiers,
 Tout, avec eux, passe et succombe;
 Mais, pour nos généreux guerriers,
 A l'ombre de leurs verts lauriers,
 L'immortelle croît sur leur tombe.

Le souverain, ce chef de notre choix,
En nous rendant la cocarde chérie,
Nous a juré de régner par les lois,
De protéger les beaux-arts, le génie.
 Peut-il redouter des ingrats,
 Alors qu'avec nous il s'écrie :
 A l'honneur consacrons nos bras,
 S'il le faut, soyons tous soldats ;
 Vivons, mourons pour la patrie !

PERRIGNON-DEFRÉNOY,
Chasseur de la 10e légion.

LE GRAND DÉMÉNAGEMENT ROYAL.

Air : *Je suis l'sergent Matthieu.*

Charles nous dit adieu,
 Nom de Dieu !
Il va passer la Manche.
Si Marmont l'pousse un peu,
 Nom de Dieu !
Il s'embarqu'ra dimanche,
 Nom de Dieu !
Avec sa cocarde blanche,
 Nom de Dieu !
Avec sa cocarde blanche.

Il faut partir, mon fieux, N. de D.
Et marcher un train d'chasse ;
C'est un peu plus sérieux, N. de D.
Que d'chasser la bécasse ; N. de D.
Car c'est l'gibier qui nous chasse, N. de D.
Car c'est l'gibier qui nous chasse.

Au s'cours, mon p'tit bon Dieu ! N. de D.
Mes Suiss's sont infidèles.
Si vous vouliez d'votr' feu, N. de D.
Foudroyer ces rebelles, N. de D.
Je vous brûl'rais d'fièr's chandelles, N. de D.
Je vous brûl'rais d'fièr's chandelles !

Si c'damné d'Donnadieu, N. de D.
Accourait à notre aide,
Pour nous tirer d'ce lieu, N. de D.
P't-être ben qu'y aurait du r'mède, N. de D.
En attendant faut que j'cède, N. de D.
En attendant faut que j'cède.

Peyronnet le bout'-feu, N. de D.
S'en promettait un' belle ;
Mais l' budget fait long feu, N. de D.
On renvers' notre écuelle, N. de D.
Où donc est l'ami Villèle ? N. de D.
Où donc est l'ami Villèle ?

7.

Rotschild, écoute un peu, N. de D.
Prête-moi sur parole......
Mais pas un fess'-mathieu, N. de D.
Ne m' donn'rait une obole, N. de D.
Un roi sans argent, c'est drôle, N. de D.
Un roi sans argent, c'est drôle !

En attendant un peu, N. de D.
Nous aurions r'çu d' l'Afrique,
Quelque petit enjeu, N. de D.
Pour gagner l'Amérique, N. de D.
Mais c't or-là nous fait la nique, N. de D.
Mais c't or-là nous fait la nique.

Mont-Rouge a fait d' son mieux, N. de D.
Pour aider à l'affaire :
Et si l'enn'mi furieux, N. de D.
N'eût forcé sa tannière, N. de D.
Il l'aurait pris par-*derrière*, N. de D.
Il l'aurait pris par-*derrière*.

Comment ! moi qui suis vieux, N. de D.
Ai-j' pu faire un' tell' fête ?
J' m'en tire, et j' suis heureux, N. de D.
D' n'y pas laisser ma tête, N. de D.
Mais j'vois ben qu'je n'suis qu'une bête, N. de D.
Mais j'vois ben qu'je n'suis qu'une bête !

Quinze ans l'objet d'nos vœux, N. de D.
Le drapeau tricolore
Brille encore à nos yeux, N. de D.
L'horizon se colore, N. de D.
Mon vieux, nous vaincrons encore! N. de D.
Mon vieux, nous vaincrons encore!

Qu' Philipp' nous rende heureux, N. de D.
Nous chanterons sa gloire!
Son fils ne d'mand' pas mieux, N. de D.
Que d'violer la victoire, N. de D.
Soldats, nous aurons à boire! N. de D.
Soldats, nous aurons à boire!

Thre FONDARD.

L'ALARME DES ROIS.

Air de la Sentinelle.

Il reparaît ce signe glorieux,
Cet étendard d'Austerlitz et d'Arcole;
Il reparaît encor plus radieux;
Car il est ceint d'une double auréole!
Chaque Français sous la triple couleur
Vient s'abriter.... Son aspect le ravive....

Son aspect calme sa douleur,
Son aspect double sa valeur :
Rois, tenez-vous sur le qui-vive !

Le drapeau blanc, insigne du malheur,
Est pour jamais exilé de la France :
Ce lis de sang qu'on osait nommer fleur,
A terminé sa trop longue existence.
La Liberté, reine de tout Français,
Dans nos combats prend une part active.
C'est elle qui fait nos succès,
C'est elle qui donne la paix :
Rois, tenez-vous sur le qui-vive !

L'Oppression, à l'air plein de fierté,
Voulait sur nous faire éclater la foudre :
Massue en main, l'auguste Liberté
En un seul jour la réduisit en poudre.
Ils espéraient, ces fils de Loyola,
Voir notre France et soumise et craintive ;
Mais notre courage était là,
Et chaque jésuite trembla :
La France était sur le qui-vive !

Si l'étranger osait servir d'appui
Au roi félon que notre France abhorre,
La même ardeur qui nous guide aujourd'hui,
Pour le chasser nous guiderait encore.

Dans ce combat il faut vaincre ou mourir ;
La liberté ne fut jamais craintive :
 Lâches, qui ne savez que fuir,
 N'espérez jamais revenir,
 Car la France est sur le qui-vive !

ÉMILE COTTENET.

SOYONS FRANÇAIS,
TOUJOURS FRANÇAIS !

Air : Le bal, le bal, etc.

Soyons Français, toujours Français !
Qu'à jamais l'honneur nous rallie ;
Tout à la Charte, à la Patrie,
Soyons Français, toujours Français !

L'airain gronde : il n'est qu'une voix ;
C'est à qui donnera sa vie ;
Entre la mort et l'infamie
Le Parisien a fait son choix.

 Le tocsin, la générale,
 Sinistres accusateurs,
 Éveillent la capitale
 Et chassent nos oppresseurs.
Soyons Français, etc.

De nos aveugles ennemis,
Surmontant l'horrible tactique,
Notre École polytechnique
S'immortalise avec Paris.
  On méprise les alarmes;
  Nul danger n'est redouté;
  La Liberté crie : Aux armes !
  La mort ou la liberté !
Soyons Français, etc.

Tout à ses perfides agens,
Un roi (déplorons sa conduite !),
Obligé de prendre la fuite,
Nous a rendu tous nos sermens.
  Sous de loyales bannières,
  Fidèles, toujours unis,
  Au lieu d'égorger nos frères
  Formons un peuple d'amis.
Soyons Français, etc.

Un protecteur nous est donné,
Ses vertus fondent sa puissance;
Tribut de la reconnaissance,
Notre amour seul l'a couronné.
  Les couleurs dont il s'honore,
  Au loin portent nos hauts-faits;

Et le drapeau tricolore
A cimenté nos succès.
Soyons Français, etc.

Environné de monumens
Au monde attestant notre gloire,
Quel autre peuple dans l'histoire
L'emporte en valeur, en talens?
 A la plus belle patrie
 Tout entiers consacrons-nous;
 Sur elle enchaînons l'envie,
 Rendons l'univers jaloux!
Soyons Français, toujours Français!
Qu'à jamais l'honneur nous rallie;
Tout à la Charte, à la Patrie,
Soyons Français, toujours Français!

PERRIGNON-DEFRÉNOY.

CHANT D'UNE MÈRE.

MUSIQUE DE GUSTAVE CARULLI.

Le tambour bat, le tocsin frappe
 Et trouble l'air,
Du bronze en feu la foudre échappe
 Avec l'éclair;

Par mille clameurs, la patrie
Maudit, poursuit la barbarie.
 O fils de mes amours !...
 Vas remplacer ton père ;
 Vole, vole au secours
 De ta seconde mère.

D'un père, saisis l'héritage ;
 Son bras vainqueur
A doté ton jeune courage
 D'un fer vengeur.
Un traître veut dans ta patrie
Faire régner la barbarie.
 O fils de mes amours, etc.

D'un frère que ta main caresse
 Sauve les droits ;
Il te répète avec tendresse :
 Entends ma voix,
Mon frère, affranchis ta patrie
Du sceptre de la barbarie.
 O fils de mon amour, etc.

Pars et laisse couler mes larmes ;
 Mon fils, adieu !....
Mon cœur maternel, en alarmes,
 Va prier Dieu.
Pense à moi,... pense à la patrie !
En terrassant la barbarie.

O fils de mes amours !
Va remplacer ton père ;
Vole, vole au secours
De ta seconde mère.

L. FESTEAU.

NOS FRÈRES DE PARIS.

Air du Dieu des bonnes gens.

Nous triomphons ! et vers d'autres rivages
Notre patrie a vu fuir ses tyrans ;
O Parisiens ! combien de beaux courages
La liberté vit naître dans vos rangs !
Mais votre sang coula pour la vengeance,
La liberté fut conquise à ce prix ;
Nous bénissons, citoyens de la France,
    Nos frères de Paris.

Malheureux roi ! qui consentis au crime
Des insensés à qui tu te livras,
Dieu prend pitié d'un peuple qu'on opprime ;
Il met la force aux plus débiles bras ;

Nous t'implorions pour notre délivrance,
Mais ton cœur sec n'entendit pas nos cris.
Nous bénissons, citoyens de la France,
  Nos frères de Paris.

Les scélérats qui trompaient ta faiblesse,
Qui t'avaient dit d'asservir tes enfans,
Ont cru la foudre aux mains de ta vieillesse ;
Tu nous frappas.... ils étaient triomphans :
Dix jours à peine ont fui depuis l'offense,
Et de ton trône on cherche les débris....
Nous bénissons, citoyens de la France,
  Nos frères de Paris.

N'avais-tu pas juré de le défendre
Le pacte saint qui faisait notre loi ?
Sur lui pourtant tu laissas entreprendre.
Un roi français a pu trahir sa foi !
Et du destin tu savais l'inconstance !
Mais le malheur ne t'avait rien appris.
Nous bénissons, citoyens de la France,
  Nos frères de Paris.

De quelle tache ont flétri ta mémoire
Ceux qui t'ont fait verser le sang français !
Même à ce prix tu voulus la victoire ! !
Sur leur appui tu fondais ton succès;

Mais lorsque vint l'heure de ta défense
Tu les cherchas de tes regards surpris.
Nous bénissons, citoyens de la France,
  Nos frères de Paris.

O mon pays, affranchi de ta chaîne,
Reprends ta gloire aux yeux de l'univers,
Et si jamais une ligue inhumaine
A tes enfans voulait rendre des fers,
Contre les coups de leur vaine démence
Un roi nouveau nous fera des abris.
Nous bénissons, citoyens de la France,
  Nos frères de Paris.

Le roi nouveau ne sera point parjure;
Il ne veut pas des peuples asservis;
Sa vie entière est là qui nous rassure :
Son cœur sut battre au nom de son pays,
Il a connu les jours de l'indigence;
Il partagea l'humble exil des proscrits.
Nous bénissons, citoyens de la France;
  Nos frères de Paris.

Ainsi le ciel exauça ta prière,
O belle France! et libre tu renais!
Des nations redeviens la première,
Que l'étranger te demande la paix.

Que ceux à qui tu dois ta délivrance,
Nous le voulons, soient tes enfans chéris;
Nous bénissons, citoyens de la France,
Nos frères de Paris.

THÉODORE BRAUN.

LA ROSE EFFEUILLÉE.

J'étais sur le seuil de la porte de l'ermitage Montmartre; je respirais le doux parfum d'une rose, et j'étais heureux : Ernestine me l'avait donnée.

Une jeune fille s'avançait à pas lents sur la droite du boulevard; sa mise était simple, négligée même; un large chapeau de paille cachait son visage, et cependant il y avait dans sa tournure, sa démarche, son maintien, je ne sais quoi qui me captivait involontairement.

Elle arrive près de l'Ermitage; par hasard lève la tête et m'aperçoit. « Ah! de grâce, donnez-moi de cette rose, » s'écria-t-elle; et elle resta immobile comme si elle eût été frappée de la foudre.

Elle avait joint ses mains d'une manière suppliante, ses beaux yeux étaient baignés de larmes, et il y avait dans sa posture, dans sa prière, et même dans sa douleur silencieuse, quelque chose de si déchirant, de si irrésistible, qu'il me fut impossible d'articuler un refus. Ma main s'avança par un mouvement involontaire, et la rose d'Ernestine passa dans les mains de la jeune fille.

Vainement elle voulut me remercier; les mots expirèrent sur sa bouche.

Que veut-elle faire de cette fleur? me dis-je quand elle fut éloignée; et je la suivis.

La course ne fut pas longue; elle pénétra dans l'enceinte funèbre qui s'étend de Montmartre aux Batignolles; et la traversant d'un pas rapide, elle arriva à cette extrémité occidentale, qui chaque jour est humectée par de nouvelles larmes.

Parvenue près d'un simple tertre que surmontait une modeste croix de bois, elle s'agenouilla, joignit les mains et se mit à prier.

Je la contemplais silencieusement. Pauvre jeune fille! me disais-je, quel est l'objet de tes regrets? Est-ce un père, une tendre mère, un frère chéri qui fait couler tes pleurs?...

La jeune fille effeuillait ma rose sur la dernière demeure de celui pour lequel elle avait prié, et je ressentis à la fois une douce émotion et une sensation douloureuse.

La jeune inconnue se leva, s'essuya les yeux et s'éloigna lentement; moi je m'approchai de la tombe, et je lus ces mots sur la modeste croix de bois qui seule en désignait la place :

« Félix ***, décédé le 29 juillet.

» C'était le jour destiné pour son mariage.

» Il mourut pour la liberté.

» Ne le plaignez pas. »

Non, je ne le plains pas ; car jamais mort ne fut plus belle !... Mais la pauvre jeune fille....

Je lui avais procuré un instant de bonheur....
Je ne regrettai plus la rose d'Ernestine.

E. D.

(Extrà-Muros.)

L'ÉTENDARD GAULOIS.

MUSIQUE DE M. SCHEINTZOEFFER.

Salut, honneur après si longue absence,
Antique oiseau de notre liberté !
Viens retrouver dans notre belle France
Ta vieille gloire et ta noble fierté.
Long-temps, hélas ! craignant notre esclavage,
Tu semblas fuir en voyant nos malheurs ;
Mais aujourd'hui brillent les trois couleurs :
Le calme enfin renaît après l'orage.

O toi que chérit la victoire!
Drapeau sacré, protége-nous!
Et, s'il faut mourir pour ta gloire,
Liberté! nous le jurons tous!

Il s'est levé le jour de la vengeance;
Les oppresseurs sont tombés sous nos coups.
Viens, parmi nous ton règne recommence,
Brillant d'espoir, plus glorieux, plus doux.
Le lis n'est plus! Emblèmes d'esclavage,
Disparaissez, faites place au vainqueur,
Et toi, reprends ton antique splendeur,
De tes enfans tu viens venger l'outrage.

 O toi, etc.

Gaulois et Francs, vous tous, nobles ancêtres
Du peuple-roi, vos enfans de Paris,
Dignes de vous, de vous leurs anciens maîtres,
De leurs vertus trouvent un digne prix.
Levez-vous tous! voyez notre bannière,
C'est le signal de notre liberté,
C'est votre Coq par vous tant respecté,
D'un long exil secouant la poussière.

 O toi, etc.

Voyez, voyez, qui marche à notre tête?
C'est notre ami, notre plus fier soutien;
C'est un héros, un dieu, c'est Lafayette!
De l'univers immortel citoyen,

Entre ses mains nous remettons ta gloire,
Coq des Gaulois, ennemi des tyrans !
Guidés par toi, nous verrons dans nos rangs
A ton drapeau s'attacher la victoire.
 Et toi, sauveur de notre France,
  Guide nos pas, protége-nous !
 S'il faut mourir pour ta défense,
  Liberté ! nous le jurons tous !

Hippolyte LEFEVRE.

UN AMI DE LA LIBERTÉ.

Air : *La treille de sincérité.*

 Mes p'tit's poulettes,
  Gn'y a plus d' boulettes ;
Puisque Mangin a déserté,
Profitons de la liberté.   (*bis*)

C'est ainsi qu'oubliant sa rage
Après la révolution,
Aux chiennes de son voisinage
Disait avec intention
Un barbet de distinction :
Si j'en crois certaines affiches,
Grâce à nos aimables bourgeois,

La Saint-Barthél'mi des caniches
N'aura plus lieu comme autrefois.
  Mes p'tit's poulettes, etc.

En dépit d' ma tête exaltée,
Sous l'règne du ci-d'vant préfet,
Quand j'avais mangé ma pâtée,
Une indigne main m'attrapait,
Puis à l'instant me musclait.
Ah ! disais-je, vile séquel'e,
Fléau du peuple parisien,
Nous vous en f'rons voir un' cruelle,
Si jamais il vient un coup d' chien.
  Mes p'tit's poulettes, etc.

Si j' n'avions trompé son attente,
C' monsieur Mangin aurait voulu
Aux chiens faire payer patente :
C'était un projet résolu ;
C' que c'est que l' pouvoir absolu.
Mais dès qu' la boulette royale
Fut lancée au milieu d' Paris ;
Je m'suis dit : Si quelqu'un l'avale,
J' crois qu' ce s'ront les chiens d' Charles-Dix.
  Mes p'tit's poulettes, etc.

Notre peuplade retenue
Sous les grilles et les verroux,

N'osait plus s' montrer dans la rue,
Sans craindre d' supporter les coups
D'un vil chiffonnier en courroux ;
Maint'nant que de sages mesures
Nous permettent de tout oser,
Ensemble sur un tas d'ordures
Du moins j' pouvons fraterniser.
  Mes p'tit's poulettes, etc.

Malgré la chaleur, la fatigue,
Soit par excès d'humanité,
Ou bien de tendresse prodigue,
Naguère un petit chien gâté
Par sa maîtresse était porté :
Tout a repris son équilibre ;
Mesdames, tranquillisez-vous,
La France, heureuse d'être libre,
Fera l' bonheur de vos toutous.
  Mes p'tit's poulettes,
   Gn'y a plus d' boulettes ;
Puisque Mangin a déserté,
Profitons de la liberté.

GUILLEMÉ.

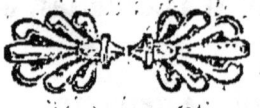

LE SOLDAT BLESSÉ.

Grands citoyens de la grande cité,
   Je suis mourant: prenez mes armes.
Mais mon ruban par mon sang acheté,
   Rendez-le moi, voyez mes larmes ;
Napoléon avant moi l'a porté.

Ma croix !.. ma croix !.. Je la gagnai dans Vienne!
   Alors que sous cent mille bras
Tuiles, pavés, mitraille citoyenne,
   Semblaient devoir faire en éclats
Crouler sur nous la ville autrichienne.

Qui fut vainqueur alors ?... Souvenez-vous
   De tant de gloire, notre ouvrage.
Eh bien ! hier l'effroi nous glaçait tous;
   Hier nous étions sans courage :
L'Helvétien se battait mieux que nous.

Ne croyez pas nos cœurs pusillanimes;
   Français, ne nous maudissez pas !
Des deux côtés d'héroïques victimes
   S'offraient ; et parmi nous, soldats,
Combien sont morts en citoyens sublimes !

Sous votre feu sanglans et foudroyés,
    Les uns, le sourire à la bouche,
Vous admiraient, sur leur arme appuyés ;
    D'autres, déchirant leur cartouche,
Laissaient tomber les balles à leurs pieds.

Ils ont fait plus encor pour votre gloire,
    Pour votre bonheur d'aujourd'hui ;
Nos ennemis jamais n'y voudront croire :
    Enfans, devant vous il ont fui !
Qu'ils aient leur part dans la grande victoire !

Moi, vieux soldat, j'ai vu nos rangs s'ouvrir.
    Entre l'honneur et ma consigne....
Je n'ai point fui ; ça m'eût trop fait souffrir.
    Mais de vous pourtant je suis digne,
Car contre vous je n'ai pu que mourir.

Voici ma croix !... Votre main m'en décore !
    Vive la France ! Adieu.... je meurs !
Mais, par pitié, ne puis-je donc encore
    Couvrir de baisers et de pleurs
Mon vieux drapeau, mon drapeau tricolore ?..

Et le drapeau sur son front s'abaissa,
Un souvenir, doux comme l'espérance,
Vint un moment suspendre sa souffrance ;
Le vétéran contre son cœur pressa

Ce vieux drapeau qui renaît pour l'histoire.
Tous deux semblaient se parler de leur gloire...
Bientôt la foule au loin se dispersa.
Il n'était plus !

    Sous la porte du Louvre
On a creusé deux tombes : d'un côté
Sont nos héros morts pour la liberté.
Ah ! qu'un trophée immortel les recouvre !
Mais ces soldats qui, même sous nos coups,
En expirant, faisaient des vœux pour nous....
Pas une fleur. Dans des partis contraires,
Nous avons eu des citoyens, des frères.
Si quelques-uns, égarés un moment,
N'ont pas heurté d'un refus légitime
L'affreux devoir qui commanda le crime,
D'autres près d'eux sont tombés noblement.
Même à l'erreur, grand peuple, tu pardonnes:
Viens d'une palme orner leur monument.
Des deux côtés brilla le dévoûment ;
Tous les tombeaux demandent des couronnes.

      X.-B. SAINTINE.

LE PATRIOTE MÉCONTENT.

Air : *Nos amours ont duré toute une semaine.*

C'est tout d'même embêtant, j'marronn' quand j'y pense,
D' voir tant de ch'napans
Se fair' valoir à nos dépens ;
Nous avons eu l' mal, eux la récompense ;
Pour la nation
Fait's donc un' révolution !

Au premier signal, on m' vit dans la rue
Courir au danger, l'âme résolue,
J'ai seul embroché, comme des aloyaux,
Un suiss', deux gendarm's et trois gard's royaux ;
Du fruit pourquoi donc ne m'laiss'-t-on qu'les noyaux ?
C'est tout d' même embêtant, etc.

Que d' gens maintenant font les crân's, les braves,
Qui, pendant l' combat, s' cachaient dans leurs caves !
Pour récompenser d' prétendus hauts-faits,
On les nomm' minist', on en fait des préfets :
Encor ces messieurs n' sont-ils pas satisfaits.
C'est tout d'même embêtant, etc.

Fallait voir alors comm' sur nos théâtres,
De la liberté s' montrant idolâtres,
Ils nous accablaient, dans les commencemens,
D'élog's, de saluts et d'applaudissemens ;
Aujourd'hui c'n'est plus que d' petits complimens.
C'est tout d' même embêtant, etc.

Quoiqu' toujours au feu, j' n'ai pas d'entamure ;
Est-c' ma faute à moi si j' n'ai pas d' blessure ?
Aussi j' n'obtiens rien : quelle vexation !
Et ma femm' m'a dit, à cette occasion
Si t'étais occis, j'aurais la pension.
C'est tout d' même embêtant, etc.

De leurs favoris, pour êtr' sur la liste,
Faut être avocat ou ben journaliste.
Moi qui, par malheur, ne suis qu'un ouvrier,
Moi qui m'suis battu sans me faire prier,
N' veut-on pas m'ôter la liberté d' crier ?
C'est tout d' même embêtant, etc.

A Philipp' premier, not' nouveau monarque,
V'là trois fois qu' j'écris, et je le remarque,
Ils n' lui font répond' que ce qu'ils veulent bien,
Car son noble cœur d'vrait entendre le mien ;
J' voudrais lui parler, j' lui dirais : Nom d'un chien !
C'est tout d' même embêtant, j' marronn' quand j'y pense,
    D' voir tant de ch'napans

Se fair' valoir à nos dépens.
Nous avons eu l'mal, eux la récompense;
Pour la nation
Fait's donc un' révolution !

J. Le Roy.

HONNEUR AUX ENFANS DE LUTÈCE.

Air : *Entendez-vous le signal des alarmes?*

Honneur, honneur, aux enfans de Lutèce !
Ils ont sauvé l'auguste liberté :
Comme les fils de Rome et de la Grèce,
Leurs noms iront à la postérité.

Qu'ai-je aperçu ? de mercenaires armés
Vont moissonner un peuple irrésolu,
Et retremper dans le sang et les larmes
Les préjugés du pouvoir absolu.
Honneur, etc.

Quel avenir à mes yeux se découvre ?
De Médicis je revois les forfaits,
Et c'est encor des fenêtres du Louvre
Que l'arquebuse a frappé les Français.
Honneur, etc.

Mais tout-à-coup, aussi prompt que la foudre,
Un même élan précipite nos pas;
C'est l'étincelle approchant de la poudre,
C'est un volcan qui vomit le trépas.
Honneur, etc.

Jeunes guerriers, dont l'héroïque zèle
Guida le peuple à venger son affront,
Vous nous montrez une tige nouvelle
Des vieux lauriers cueillis à Saint-Chaumont.
Honneur, etc.

Salut! salut! immortelle bannière,
Qui nous guidait à Jemmape, à Memphis!
Fasse le ciel que, toujours libre et fière,
On te déploie aux regards de nos fils!
Honneur, etc.

Unissons-nous, abjurons toutes haines:
Braves Français, ne formons qu'un faisceau;
Et qu'en tombant les éclats de nos chaînes
Des libertés rallument le flambeau.
Honneur, etc.

Des jours heureux vont briller sur la France,
Le despotisme expire épouvanté;
Pour nous Philippe est l'arche d'alliance,
Pour lui la Charte *est une vérité.*

9.

Honneur, honneur, aux enfans de Lutèce !
Ils ont sauvé l'auguste liberté :
Comme les fils de Rome et de la Grèce,
Leurs noms iront à la postérité.

JEST.

LE CHANT DU PEUPLE.

Entendez-vous gronder la foudre
Qui se prolonge en sourds échos ?
Sur les tyrans réduits en poudre
Surgit un peuple de héros.
Parce que le glaive sommeille,
Ils l'ont cru pour jamais rouillé ;
Cet accès que rien n'a souillé.....
Malheur ! car le peuple s'éveille !
Liberté ! liberté ! ne compte pas nos morts :
Tu combats avec nous, nous sommes assez forts !

Marchons au cri : Vive la France !
Il ne nous a jamais trompés.
Par le plomb royal, sans vengeance,
Nos frères tomberaient frappés !...
Pour une main toute française
Un bon fusil n'est pas trop lourd :

Tyrans ! votre triomphe est court,
Le peuple brise un joug qui pèse.
Liberté ! liberté ! etc.

Dégouttant du sang de nos frères,
Leur drapeau blanc souillait nos yeux ;
A travers les pleurs de nos mères
L'arc-en-ciel brille dans les cieux.
Deux fois l'écharpe tricolore
A voilé, funèbre linceul,
La liberté dans son cercueil.....
Le peuple sait l'ouvrir encore.
Liberté ! liberté ! etc.

Signe sacré de la victoire,
Sur le trône étonne les rois :
Tu leur diras et notre gloire
Et le triomphe de nos droits.
Par toi, la France, mère tendre,
A pu déjà sécher ses pleurs :
Et si plus tard d'autres malheurs.....
Le peuple saurait te défendre
Liberté ! liberté ! ne compte pas nos morts :
Tu combats avec nous ; nous sommes assez forts.

A. PETITMENGIN.

LE PATRIOTISME DE 1830.

Air: *Encore du charlatanisme.*

Pour chanter le *magnificat*,
Nous qui gardions notre courage,
Signons un beau certificat
Au peuple qui fit tout l'ouvrage;
Mais qu'il n'élève plus la voix !
A nous le profit du civisme,
A nous seuls le champ des exploits ;
Et battons-nous pour les emplois.
Voilà le bon patriotisme.   (*bis.*)

On prétend que sous un Bourbon
J'ai tenu les ciseaux sinistres ;
Je ne m'en parais pas moins bon
A briller au banc des ministres.
Qu'on cite comme peu chrétiens
Des extraits de mon doctrinisme :
Mon porte-feuille, je le tiens,
Et je vais placer tous les miens.
Voilà le bon patriotisme.   (*bis.*)

Scapin n'était plus député
Quand vint le moment de combattre ;
Le péril enfin surmonté,
Il est député comme quatre.
Il se cramponne à son mandat ;
Il s'admire avec fanatisme,
Et ce grand sauveur de l'état
Se fait ministre et magistrat.
Voilà le bon patriotisme. (*bis.*)

Le Solon qui si lestement
Tailla le patron de la Charte,
Montre bien par l'événement
Qu'il n'avait point perdu la carte.
Vite, allons ! pour l'opérateur,
Un simple jeu de machinisme ;
Et monsieur le réformateur
Devient monsieur le directeur.
Voilà le bon patriotisme. (*bis.*)

Honneur du moins au vrai guerrier
Qui guida la force publique !
On disait qu'un simple laurier
Serait sa couronne civique ;
Mais envers ses nobles travaux
Il use de libéralisme,
Et, sans songer à ses rivaux,

Se met au rang des maréchaux.
Voilà le bon patriotisme.   (bis.)

Combien de hauts-faits sont prouvés
Pour obtenir de moindres titres !
L'un a vu lever des pavés,
Et l'autre a vu briser des vitres ;
Tel montra de beaux sentimens,
Et tel nous fit du journalisme ;
Armé de tous ces argumens,
Chacun vise aux gros traitemens.
Voilà le bon patriotisme.   (bis.)

Aujourd'hui c'est de prétendans
Qu'on voit défiler des brigades ;
On voit de nouveaux combattans
Et de nouvelles barricades ;
Une autre guerre est dans Paris,
On s'y bat avec héroïsme ;
Des blessés on entend les cris,
Et ces mots : *Ma place à tout prix.*
Voilà le bon patriotisme.   (bis.)

Au peuple on permet de payer,
Mais cependant qu'il se rassure :
Touchant les places à rayer
On va pérorer sans mesure ;
Et personne ne défendra,

Tant va loin notre rigorisme,
Que le paîment qu'il recevra
Et le cumul qu'il remplira.
Voilà le bon patriotisme.   (bis.)

L'INSURRECTION PARISIENNE.

Air de la Marseillaise.

O démence, ô comble d'audace !
D'où naît partout ce sombre effroi ?
Le crime a suivi la menace :
Punissons l'attentat d'un roi.   (bis.)
Voici des fers.... voilà des armes !
Paris, quel choix pour ta fierté !
Jette un long cri de liberté,
  Venge en trois jours quinze ans d'alarmes !
Aux armes! Parisiens, hâtez-vous d'accourir !
Mourir (*bis*), liberté sainte, ou te reconquérir !

Vois-tu ces soldats sanguinaires,
Par le despotisme abrutis ?
Ils se font bourreaux mercenaires
Contre nous soldats apprentis.   (bis.
Eh quoi ! nous les nommions nos frères ?
Ah ! c'est trop suspendre nos coups !

De tous côtés entendez-vous
Siffler leurs balles meurtrières?
Aux armes! Parisiens, etc.

Le salpêtre soudain s'embrase,
O Paris, pleure tes enfans!
La mitraille en vain les écrase,
Contre elle ils marchent triomphans ! *(bis.)*
Ils disent : « Gloire à qui succombe!
« Marchons! la mort nous armera,
« Et chacun de nous attendra
« Qu'un frère ou qu'un ennemi tombe. »
Aux armes! Parisiens, etc.

Mais quels prodiges vont éclore ?
Partout des milliers de remparts !
Partout le drapeau tricolore !
Salut à nos vieux étendards ! *(bis.)*
La liberté vient nous les rendre
Nos yeux sont humides de pleurs....
Au seul aspect des trois couleurs,
La victoire est lasse d'attendre.
Aux armes! Parisiens, etc.

De la nuit employons les heures ;
Arrachons ces pavés sanglans,
Et du faîte de nos demeures
Frappons nos assassins tremblans. *(bis.)*

Elle fuit, leur troupe homicide ;
Nos murs sont libres d'ennemis,
Voyons-les tous morts ou soumis
Ces soldats d'un roi parricide.
Aux armes ! Parisiens, etc.

Paris, encor des rois qui tremblent,
Encore des peuples ébranlés !
Chez nous les proscrits se rassemblent
Ton réveil les a consolés !   (*bis*)
L'Europe entière à ton veuvage
S'unit par un deuil fraternel,
Entends !... quel écho solennel
Des chants qui brisent l'esclavage !
Aux armes ! Parisiens, etc.

A LAFAYETTE.

Grand citoyen, un peuple en armes
Dépose en tes mains son pouvoir ;
C'est le prix du sang et des larmes ;
LAFAYETTE, sois notre espoir !   (*bis*)
La liberté, tu l'as promise
Aux vœux des enfans de Paris,
Tous prêts à répéter ces cris
Que tu leur donnas pour devise :
Aux armes ! Parisiens, hâtez-vous d'accourir !
Mourir (*bis*), liberté sainte, ou te reconquérir !

E. R.

BANQUET PATRIOTIQUE

DU 2ᵉ BATAILLON DE LA 12ᵉ LÉGION.

Air : *Elle aime à rire, elle aime à boire.*

Amis, qu'un accord unanime
Voit réunis à ce festin;
Pour sceller, le verre à la main,
Un pacte à la fin légitime,
Répétez chacun avec moi
Ce refrain que l'Europe envie :
Notre bras est à la patrie,
Et notre cœur à notre roi.

Quel heureux avenir présage
Le retour de nos trois couleurs!
Elles glacent nos oppresseurs,
Et raniment notre courage....
Étrangers! voyez sans effroi
Ce vieil étendard qui rallie
Tous les bras à notre patrie,
Et tous les cœurs à notre roi.

Il n'était plus que dans l'histoire,
Ce drapeau que nous révérons :
Le rendant à nos bataillons,
Philippe leur rend la victoire.

Non, jamais, j'en ai votre foi,
Sa gloire ne sera flétrie ;
C'est l'étendard de la patrie,
C'est l'étendard de notre roi....

A M. AGIER, Colonel.

Toi qui, sous un vil ministère,
Nous vengeas d'un sanglant affront *,
Tu peux lire sur notre front
Que ta présence nous est chère....
Organe éloquent de la loi,
Poursuis toujours la tyrannie !
Que ta voix soit à la patrie,
Comme ton cœur est à ton roi.

A M. LAVOCAT, Lieutenant-Colonel.

Proscrit du sol qui t'a vu naître,
Comme ami de la liberté,
Lavocat, tous avec fierté
Nous voyons ton nom reparaître **.
Qui pourrait douter de ta foi
Par tant de valeur garantie ?
Ton bras fut tout à la patrie,
Peut-il n'être pas à ton roi ?....

Au Général LAFAYETTE.

Honneur au chef dont la vaillance,
Brisant le joug des souverains,

* M. Agier a pris à la tribune la défense de la Garde nationale, lors du brutal licenciement qui a eu lieu après la revue du 29 avril 1827.

** M. Lavocat, condamné à mort par contumace, dans la conspiration du 19 août 1821, exilé, proscrit loin de sa patrie pendant plusieurs années.

Des rivages américains
Nous apporta l'indépendance !
Pour nous il s'impose la loi
De vivre sous la monarchie :
Son bras fut tout à la patrie,
Et son cœur est tout à son roi.

Mais surtout, gloire sans partage,
Gloire à notre roi-citoyen !...
Nous lui devons tous un soutien,
Puisque son trône est notre ouvrage.
Amis, promettez avec moi
Que, si l'Europe nous défie,
Votre bras est à la patrie,
Et votre cœur à votre roi.

P. F. DE CALONNE.

LE SUISSE.

(28 juillet 1830.)

Air : *On ne sait pas ce qui peut arriver.*

Enfin me v'là, mon ger ami Lérique,
Tout massagré, sans sapre et sans fisil.
L' peupl' gri' bartout : Five le répiblique !
Les trois gouleurs, mon foi, sont pien chentil.
Ma réchiment sous l' feu te la midraille
A tout béri ; mais moi, me suis rentu.
Je sens, mon ger, le fatigu' qui m' dravaille ;
La bauvre Suisse y s'avouer vaincu.   (*bis*)

Sach' tonc, mon ger, qu'y a six nuits fis un rêve
Dans l'guel je vis tout un peuple épertu
Grier sur moi, tans le blace té Grève :
Rentez-vous, Suisse, ou vous être pertu !
Moi bas vouloir, bour gomble d'anigroches,
Anchourt'hui v'là ma rêve réalisé :
Tu peupl' j'ai reçu trois à guatr' cents taloches.
La bauvre Suisse y s'avouer brisé.   (bis)

On s'bat engor, mais bartout l' peuple gagne;
Dans aucuns ru's, on ne peut plis basser.
L' diable m'embort' ! car chamais à Gogagne
Ont' nous a vus ainsi nous tirperser.
Pauv' Charles tix, si tu n'as plis ta trône,
C'été ton faut', non té la mien à moi ;
Pisqu' tu voulais gonserver ton gouronne,
N' fallait bas fair' batt' Suiss' gont' peuple à toi. (bis)

Les trois gouleurs flottent dans tout le France ;
Atieu le blanc, atieu les fleurs te lis !
Le liperté t'un nouveau règn' gommence,
Et t'Orléans sur le trône est assis.
Fiv' les Français ! ils ont tu garaglère;
Les Barisiens aux gombats l'ont montré.
Plis t' Suiss' en France, ainsi finit l'affaire;
Et bour mon gompt', je suis tout massagré. (bis)

N. R. PAGAULT.

LIBERTÉ.

Air de la Marseillaise.

Salut, enfans de la victoire,
Nobles défenseurs de nos droits :
Salut ! au temple de mémoire
Déjà sont gravés vos exploits.   (*bis*)
Vengeurs de perfides outrages,
Quel pouvoir vous eût résisté ?
Du haut des cieux la Liberté
Enflammait vos jeunes courages.
Auguste Liberté, déité des grands cœurs,
Reviens, (*bis*) et que sur nous s'épanchent tes faveurs.

Déchirant d'une main impie
Des Français le pacte immortel,
Naguère une horde ennemie
Jurait leur opprobre éternel.   (*bis*)
Sermens insensés ! fureurs vaines !
C'est pour nous qu'on forgeait des fers,
Nous de qui cent peuples divers
Apprirent à briser leurs chaînes !
Auguste Liberté, etc.

Quoi ! du fruit honteux de leurs crimes
Ils jouiraient, ces factieux !
Le sang des plus nobles victimes
Rougirait leurs bras odieux !   (*bis*)

Non; à la voix de la patrie
Se lèvent soudain ses enfans,
Et sous leurs efforts triomphans
Tombe en trois jours la tyrannie.
Auguste Liberté, etc.

Du sein de nos luttes funestes
S'élèvent mille cris touchans :
Gage sacré des dons célestes,
Que fait loin de nous d'Orléans ?   (*bis*)
Viens, rentre au palais de tes pères,
Que nos fureurs ont respecté ;
Sur les pas de la Liberté
Accours, et finis nos misères.
Auguste Liberté, etc.

A cet appel d'un peuple immense,
Paraît bientôt à ses regards
L'homme dont jadis la vaillance
Fut fidèle à nos étendards.   (*bis*)
Jeune encor d'audace guerrière,
Tout empreint d'immortalité,
Marche, vainqueur, à son côté
Notre héros octogénaire.
Auguste Liberté, etc.

Excellent prince, âme sublime,
Il luit enfin l'heureux instant
Où doit ta vertu magnanime
Recevoir un prix éclatant.   (*bis*)

Ceindre ton front du diadème,
C'est fonder l'empire des lois,
En t'élevant sur le pavois,
La France s'y place elle-même.
Auguste Liberté, etc.

De tes maux comme il s'inquiète!
Peuple, il saura les réparer.
D'un prince cher à Lafayette
Que ne dois-tu pas espérer?   (bis)
Par ton amour, que la couronne
Ne lui soit qu'un léger fardeau,
Qu'il sache combien il est beau,
Le sceptre qu'un grand peuple donne.
Auguste Liberté, etc.

C'en est fait au vœu populaire
Philippe se rend, il est roi.
France! quel avenir prospère
A jamais s'ouvre devant toi.   (bis)
Qu'à sa cause pure et chérie
S'unissent nos bras et nos cœurs;
Par elle nous fûmes vainqueurs:
C'est la cause de la patrie.
Auguste Liberté, déité des grands cœurs,
Reviens, (bis) et que sur nous s'épanchent tes faveurs

TITTEAU, de la Charente.

LE RETOUR DU BANNI.
(1830.)

Air: *Bords charmans de la Loire.*

Salut! noble sol de la France,
Sol glorieux, où je reçus le jour!...
Lieux où s'écoula mon enfance,
De votre fils proscrit accueillez le retour.
    Salut! ô ma patrie;
    Ton brillant avenir
    Des tourmens de ma vie   (*bis*)
    Calme le souvenir.

Salut, oriflamme de gloire!
Je te revois, majestueux drapeau;
Et, comme autrefois, la victoire
Veut encore aujourd'hui t'adopter pour manteau.
    Salut, etc.

Si quinze hivers, de plage en plage
Je fus errant seul avec mon malheur,
Si mon front est glacé par l'âge,
Toujours pour mon pays je sens battre mon cœur.
    Salut, etc.

Vous, compagnons de ma misère,
Qu'ont décimés les maux et non le temps;

Couverts d'une terre étrangère,
Vous ne deviez donc plus embrasser vos enfans !...
Salut, etc.

Apaisez-vous, ombres plaintives
De ces bannis que je vis tant souffrir,
Expirant aux lointaines rives,
Pour notre France encor fut leur dernier soupir.
Salut, etc.

A nos cités que chaque aurore
Annonce un jour de bonheur et de paix ;
Sous la bannière tricolore
Restons toujours unis, soyons toujours Français.
Salut, ô ma patrie !
Ton brillant avenir
Des tourmens de ma vie   *(bis)*
Calme le souvenir.

A. J*****.

LA ROUENNAISE.

Air : *O mont Saint-Jean.*

Braves enfans de l'antique Neustrie,
L'étendard des tyrans flotte sur la patrie,
Marchons vers la grande cité,
En répétant : Vive la liberté !

Un roi faible et sans caractère,
Méprisant la foi des sermens,
Voudrait noyer la France entière
Dans le sang de tous ses enfans.
Entonnons une marseillaise ;
Avec transport vengeons nos droits,
Et que la marche rouennaise
Termine la leçon aux rois.
Braves enfans, etc.

Du temps passé suivant les traces,
Des ministres audacieux
Font succéder à leurs menaces
Les coups des tyrans furieux ;
Leurs bourreaux ont levé la hache ;
Ils ont trouvé des spadassins !...
Et le drapeau qu'on dit sans tache
Guide les pas des assassins.
Braves enfans, etc.

La Discorde avec les jésuites,
A leurs fureurs donnant un cours,
Prêchent, sans en prévoir les suites,
Le retour des plénières cours.
Marchons, notre juste vengeance
Doit exterminer ces tyrans ;
Vengeons sur cette affreuse engeance
Le sang de nos frères mourans.
Braves enfans, etc.

En vain le lion populaire
Les menaçait de son réveil ;
En vain l'aigle au sein de son aire
Menace en fixant le soleil.

De nos vengeances les symptômes
N'ont point arrêté leurs excès ;
Un joug, des fers et des fantômes
Se préparaient pour les Français.
Braves enfans, etc.

Quoi ! du soleil de la Bastille
On ne craint déjà plus les feux.
Pourtant dans nos veines pétille
Le feu brûlant de nos aïeux.
Le sang qui coula fume encore....
Et l'on nous apprête des fers !
Français ! un sillon tricolore
Paraît au milieu des éclairs.
Braves enfans, etc.

Nous sommes les enfans des braves ;
Ils nous ont montré nos tyrans,
Faisons sur eux jaillir les laves
Du plus terrible des volcans.
Dans leur sang retrempons nos armes ;
Le nôtre a rongé leur drapeau.
Enfin, pour essuyer nos larmes,
Déchirons leur dernier lambeau.

Braves enfans de l'antique Neustrie,
L'étendard des tyrans flotte sur la patrie ;
Marchons vers la grande cité ;
En répétant : Vive la liberté !

F. BECKER.

LA RÉVOLUTION DE 1830.

Ils avaient dit, dans leur fougueux délire,
Ces courtisans couverts de chapelets :
« L'état, c'est nous; à nous seuls est l'empire.
   » Ainsi que l'or de vos sujets.

» Qu'est-ce qu'un peuple, un ilote imbécile ?
» Un vil troupeau soumis à son berger ;
» A ses décrets s'il se montre indocile,
   » Les chiens sont là pour l'égorger. »

A ces accens, un monarque stupide,
De ses flatteurs sans cesse environné,
Ose ordonner que ce peuple intrépide
   Comme un enfant soit enchaîné.

O jour d'effroi ! jour de deuil et d'alarmes !
Ainsi l'on veut attenter à nos droits !
Un cri s'élève : Amis, courons aux armes !
   Punissons l'injure des rois.

Tel qu'un torrent agité par l'orage,
Nos citoyens, en bataillons serrés,
Courent prouver que leur jeune courage
   Vaincra des soldats égarés.

Le bronze tonne ; et, semblable à la grêle,
Le plomb mortel abat nos défenseurs ;
Mais, pour servir une cause aussi belle
    La terre enfante des vengeurs.

Braves Français, jeunesse valeureuse,
L'aspect guerrier des vieux enfans de Tell
N'a point glacé votre âme généreuse :
    Peuple, ton nom est immortel !

De sang, de morts la terre en vain se couvre :
Ce peuple marche en vainqueur souverain ;
La garde fuit, et de l'antique Louvre
    Tombent les barrières d'airain.

O liberté ! je revois ta bannière
Briller encore aux rayons du soleil !
De la victoire heureuse avant-courière,
    Tu nous annonces son réveil.

Noble oriflamme, à l'exil condamnée,
Flotte à jamais au sommet de nos tours ;
En te voyant, que d'Europe étonnée
    Admire l'œuvre des trois jours.

Fuyez ces lieux que souilla le parjure,
Gothiques rois, honte de l'univers !
Depuis long-temps vous prépariez l'injure ;
    Un seul effort brise nos fers.

Grâces à toi, sauveur de l'Amérique !
Tu nous guidas ; Paris avec fierté
Lança la foudre, et la France héroïque
    A recouvré sa Liberté.

PROPHÉTIE.

Vers insérés dans *la Tribune des départemens* du
2 septembre 1829.

Du ruisseau qui rendait les campagnes fécondes,
Dans un lit trop étroit emprisonnez les ondes :
    Il devient orageux,
Et sous sa vague immense effaçant le rivage,
Au loin par des débris atteste son passage,
    Torrent impétueux

Ainsi des nations s'agite la colère.
Qui veut à ce torrent jeter une barrière
    Prend un frivole soin.
Mais quel homme oserait, aveugle en son délire,
A son flot irrité s'opposer, et lui dire :
    Tu n'iras pas plus loin?

Cet homme s'est trouvé ! C'est celui dont l'audace
Prodiguait autrefois l'injure et la menace
    Aux cris de nos douleurs.
Hélas ! nos chants de fête ont réveillé sa haine;
Et sa rage implacable au peuple qu'il enchaîne,
    Promet encor des pleurs.

Reviennent-ils, ces temps où l'on vit la patrie,
Élevant pour ses fils une voix attendrie,

Pleurer sur leurs tombeaux ?
Un homme alors parut qui voulut la vengeance !
Ah ! pourra-t-il long-temps révéler sa puissance
 Par des crimes nouveaux ?

Non ; il disparaîtra comme l'obscur nuage
Qui vient, avant-coureur des vents et de l'orage,
 Voiler l'azur des cieux :
La nature attristée est rendue aux ténèbres,
Mais bientôt le soleil sur ses voiles funèbres
 S'élève radieux.

C'est en vain qu'on médite une ruine immense :
Tous ces noirs attentats, dictés par la démence,
 N'auront aucun succès.
Le bonheur doit enfin descendre sur la terre.
Après les jours affreux de discorde et de guerre
 Viendront les jours de paix.

Pour nous est l'avenir. Nous n'avons rien à craindre.
Il approche l'instant où nous pourrons atteindre
 Le but tant souhaité.
Armons-nous de courage ! encore une victoire !
De ce dernier combat nous verrons avec gloire
 Sortir la liberté.

Tout lui sera secours : les sanglantes querelles,
De ses vils ennemis les trames criminelles,
 Leur impuissant effort :
Ainsi battu des flots au sein des mers profondes,
Souvent un frêle esquif par la fureur des ondes
 Est jeté dans le port.

POLLER.

LE CHANT DU VIEUX SOLDAT.

J'ai des balles, j'ai de la poudre,
Le tocsin sonne dans Paris;
Viens, mon bon fusil d'Austerlitz;
Sois sans pitié, comme la foudre.

Et toi, mon noble et vieux drapeau
Qui dormais sous mon lit de paille,
Montre encor ton dernier lambeau
Que j'ai sauvé de la mitraille.
Je faisais bien de te garder!
Noble drapeau, trésor du brave,
Sans me cacher comme un esclave
Je puis enfin te regarder.
J'ai des balles, j'ai de la poudre, etc.

Quel chant sublime ai-je entendu?
La marseillaise!... la victoire!
Ce vieux refrain nous a rendu
En un seul jour vingt ans de gloire.
Ah! que ce chant de liberté
A déjà fait vibrer mon âme!
Je sens renaître en moi la flamme
Dont ces accords m'ont transporté.
J'ai des balles, j'ai de la poudre, etc.

Ils voulaient du sang, les tyrans!
Pour laver leurs honteuses taches;
Ces lâches depuis trop long-temps
Insultaient nos vieilles moustaches!
Pour payer leur fatal retour,
Ils ont voulu trahir la France;
Ils gouvernaient par la vengeance....
Nous nous vengeons à notre tour.
J'ai des balles, j'ai de la poudre, etc.

Adieu, ma femme; et toi, mon fils,
Viens avec moi; je veux t'apprendre
Comme on se bat pour son pays
Quand on se bat pour le défendre.
A mes côtés tu resteras;
Si quelque balle meurtrière
Dans le combat frappe ton père,
Mon fils tu me remplaceras.
J'ai des balles, j'ai de la poudre, etc.

Ed. Watrin.

VITE AUX ARMES!

MARCHE NATIONALE.

Air de la marche de Michel et Christine.

Vite aux armes!   (bis)
La patrie est en alarmes,
Vite aux armes!   (bis)
Citoyens défendons nos biens.

D'un roi félon les vils sicaires,
Partageant sa déloyauté,
Dans les flots du sang de leurs frères
Eteignent notre liberté!
Prince sans foi, c'est ta dernière injure.
Levons-nous tous!... Qu'au bruit de nos succès,
Le monde entier apprenne des Français
Comment se punit le parjure.
   Vite aux armes! etc. *(bis)*

Le fer brille, le bronze tonne....
Enfans de la grande cité,
Bravons les fureurs de Bellone;
Volons à l'immortalité!
Soldat français, respecte ton armure;
Quitte ce rang que l'honneur a quitté;
 Marche avec nous, fils de la liberté :
 Car notre injure est ton injure.
   Vite aux armes, etc. *(bis)*

Toi dont le dévoûment civique
Rappelle les anciens hauts-faits,
Brave école polytechnique,
Chez toi, tous les cœurs sont français!
Guide nos pas, que l'impartiale histoire;
Sur ce fronton grave, au jour du bonheur :
 « Oui, c'est ici l'école de l'honneur,
 » La pépinière de la gloire! »
   Vite aux armes! etc. *(bis)*

De Janus nous ouvrons les portes...
A l'aspect de nos étendards,

Vois la terreur de leurs cohortes,
Qui fuyaient devant nos remparts.
Poursuivons-les, et délivrons la France
De ces pervers que réprouve son sein.
Fils parricide et soldat assassin,
Fuyez le fer de la vengeance...
   Vite aux armes! etc.   (*bis*)

Vous qui partagiez notre gloire
Au sein de ces premiers combats,
O vous, héros que la victoire
N'a pu préserver du trépas,
Que cette terre, amis, vous soit légère...
Nous la couvrons de vos nombreux lauriers;
Dormez en paix, nous gardons vos foyers.
Nous veillons tous pour votre mère!...
   Vite aux armes! etc.   (*bis*)

Du trône, où, par vœux unanimes,
Nous t'élevons tous, d'Orléans,
Relis les noms de ces victimes,
Qu'inscrivent des glaives sanglans!..
Et quand pour nous brille une nouvelle ère,
Que ce soit donc le signal du bonheur;
Chaque Français te porte dans son cœur...
Ah! sois moins son roi que son père.
   Vite aux armes   (*bis*)
  La patrie est en alarmes,
   Vite aux armes!   (*bis*)
Citoyens défendons nos biens.

          J****.

LA NANTAISE.

Couplets faits par un jeune Espagnol, et chantés au grand théâtre de Nantes, en l'honneur des héros Nantais morts pour la liberté.

Air: *Veillons au salut de l'empire*.

Un roi, dans sa folle arrogance,
Bravait un peuple généreux :
Soudain trois siècles de puissance
Tombent en trois jours glorieux :
Liberté! (*bis*) tes coups ont l'éclat du tonnerre.
Devant toi! (*bis*) sans retour ont pâli les tyrans,
　　Bretagne, de ton nom sois fière,
　　Honneur à tes braves enfans!

Féroce soutien des despotes,
Un guerrier [*], flétri pour jamais,
Sur des poitrines patriotes.
Fit voler le plomb des Français.
Liberté! (*bis*) c'est pour toi qu'ils couraient au carnage.
Ils sont morts en héros! (*bis*) morts à la fleur des ans.
　　Bretagne, guerre à l'esclavage !
　　Honneur à tes braves enfans!

Martyrs d'une cause si belle,
Héros, remontez vers les cieux,

[*] Le général Despinois.

Couverts d'une palme immortelle,
Et ceints du bandeau radieux.
Liberté ! (*bis*) leur linceul fut un drapeau de gloire!
Que leurs noms (*bis*) des tombeaux sortent resplendis- (sans.
Bretagne, applaudis leur mémoire!
Honneur à tes braves enfans !

Le calme succède à l'orage,
Le peuple gardien de ses droits,
Élève au milieu du naufrage,
Son roi sur le trône des rois.
Liberté ! (*bis*) tes accens font tressaillir son âme.
Sous ton noble étendard combattit (*bis*) d'Orléans.
Bretagne, ton sang le proclame.
Honneur à tes braves enfans !

Vainqueurs terribles ! mais sans tache,
Vous avez su briser vos fers,
Et placer votre beau panache
Sur le fronton de l'univers.
Liberté ! (*bis*) glorieuse à ta naissante aurore,
Si pour rompre ton sceptre accouraient (*bis*) les tyrans,
Bretagne, pour mourir encore,
Ils sont là, tes braves enfans.

BANQUET PATRIOTIQUE

DU 2ᵉ BATAILLON DE LA 12ᵉ LÉGION.

Air de la Marche parisienne.

Dans ce banquet, où nous rassemble
L'amitié, la paix, l'union,
Jurons ici, jurons ensemble
De défendre ce pavillon ;
Et pour célébrer la mémoire
Du jour sacré de la victoire,
    Mes amis, buvons,
    Entre nous trinquons,
Dans les airs faisons sauter mille bouchons.
    Buvons à notre gloire !   (*bis*)

Voyez autour de la frontière
Chaque ville, comme Paris,
Se relevant de la poussière
Pour écraser ses ennemis.
Un jour, de leur noble victoire
Célébrant aussi la mémoire,
    Ils diront : Buvons,
    Entre nous trinquons,
Dans les airs faisons sauter mille bouchons,
    Buvons à notre gloire !   (*bis*)

Déjà dans l'Afrique brûlante
Voyez-vous ces jeunes guerriers,
Qui, d'une main reconnaissante,
Chargent nos couleurs de lauriers !
Ils ont, par leur noble victoire,
Des Français agrandi l'histoire.
  Mes amis, vidons
  Pour eux cent flacons,
Dans les airs faisons sauter mille bouchons,
  Buvons à notre gloire ! (bis)

Que chacun remplisse son verre :
Lafayette ! il sera pour toi !...
Portons une santé bien chère,
Buvons tous à l'ami du roi !...
Un jour on lira dans l'histoire
Leur union, et leur mémoire.
  Mes amis, buvons,
  Entre nous trinquons,
Dans les airs faisons sauter mille bouchons,
  Buvons à notre gloire ! (bis)

A toi, chef de notre cohorte,
Protecteur de la liberté !
Que ce toast, qu'ici je te porte,
Par cent bouches soit répété !
Et pour conserver la mémoire
Du beau jour de notre victoire,
  Tous les ans venons,
  Dans ce lieu trinquons,
Dans les airs faisons sauter mille bouchons,
  Buvons à notre gloire ! (bis)

A. GARDON.

LE DRAPEAU
DE LA GARDE NATIONALE.

Air de la Parisienne.

Noble drapeau de la patrie,
Viens ombrager nos bataillons ;
A notre honneur on te confie,
De notre honneur nous répondrons.
Chaque feuillet de notre histoire
Te rappelle à notre mémoire :
    Étendard sacré,
    Nous l'avons juré,
Tu seras toujours le signe révéré
    De notre vieille gloire !   (*bis*).

A peine né, ta flamme brille.
Soudain nos pères généreux
Vont t'arborer à la Bastille :
Quel baptême fut plus heureux !
Dans nos rangs, plus tard, la victoire,
  Honore à Clichy ta mémoire.
    Étendard sacré, etc.

Deux fois, hélas ! de notre France
Si tes nobles couleurs ont fui,

Ses longs malheurs et sa souffrance
Ont bien expié cet oubli.
Pour nous punir de la victoire,
On voulait ternir notre histoire.
  Étendard sacré, etc. etc.

Bientôt frémit la tyrannie,
A l'aspect de nos légions ;
En un seul jour sa voix rallie
Et disperse nos bataillons.
Ce lâche outrage, ont-ils pu croire
L'effacer de notre mémoire...?
  Étendard sacré, etc. etc.

Ils l'ont voulu!... Dans leur colère,
Un sang généreux a coulé,
Tu reparais !.. Chacun espère...
Le vieux Lafayette a parlé!
Inscrit au temple de mémoire,
Ce nom présageait la victoire.
  Étendard sacré, etc.

Ce drapeau de la vieille France
Que Philippe a su rajeunir,
Dans tous les temps, pour sa défense,
Nous verra combattre et mourir.
Un serment n'est point illusoire
Prêté dans un jour de victoire!
  Étendard sacré,
   Nous l'avons juré,
Tu seras toujours le signe révéré
  De notre vieille gloire.   (*bis*)

COLLOMBEL.

HISTOIRE DE CHARLES X.

Air : *O Fontenay qu'embellissent les roses.*

Lorsque oubliant les lois de la nature,
D'un sexe faible il outragea les droits,
Sans réparer cette honteuse injure,
Il s'en alla pour la première fois.

A Gibraltar l'attendait la souffrance ;
C'est lentement qu'il écouta sa voix :
Huit jours après, par excès de prudence
Il s'en alla pour la deuxième fois.

La liberté vint planer sur la terre,
Et fit trembler les peuples et les rois,
Et lui, fidèle à sa noble carrière,
Il s'en alla pour la troisième fois.

A l'Ile-Dieu, dans sa fougue guerrière,
Il débarqua pour défendre ses droits ;
Mais sur l'avis de la vieille Angleterre,
Il s'en alla la quatrième fois.

Lorsqu'à Lyon l'enfant cher à la gloire
Nous apparut sur d'illustres pavois,
Notre héros annonçait la victoire,
En s'en allant pour la cinquième fois.

Naguère encor sous l'affreuse mitraille
Il essaya d'anéantir nos droits,
Mais sans avoir vu le champ de bataille,
Il s'en alla pour la dernière fois.

P. de M.

LE PEUPLE.

SON NOM.

O vous, qui célébrez tous les pouvoirs, ainsi
    Que le canon des Invalides,
    Et qui pendant la lutte aussi
    N'êtes jamais plus homicides :
Les temps sont accomplis, le sort s'est déclaré,
Des Francs sous les Gaulois l'orgueil enfin s'abaisse ;
    Le coq du peuple a dévoré
    Les fleurs de lis de la noblesse ;
Maintenant paraissez : à la tête des rangs
Cherchez quelques héros à proclamer très-grands!
Mais, entre tous les noms que le siècle répète,
Un seul reste à chanter... Cherchez ! encore un nom,
Plus noble qu'Orléans, plus beau que Lafayette,
    Et plus grand que Napoléon!

SA GLOIRE.

Le Peuple.—Trop long-temps on n'a vu dans l'histoire
Pour l'œuvre des sujets que des rois admirés.
    Les arts dédaignaient une gloire
    Qui n'avait pas d'habits dorés ;
A la cour seule était l'éclat et le courage,
    Et le bon goût, et le vrai beau ;
Les habits déchirés du peuple et son langage
Faisaient rougir la muse, et souillaient le pinceau :
    Combien ce préjugé s'efface !
Nous avons vu le peuple et la cour face à face ;

Elle, ameutant encor ses rouges bataillons;
Lui, sous leur feu cruel, marchant aux **Tuileries**;
Elle, tremblante et vile avec ses broderies :
    Lui, sublime avec ses haillons !

SA FORCE.

C'est que, le peuple aussi, malheur à qui l'éveille,
Lorsque paisible il dort sur la foi des sermens ;
    Il laisse bourdonner long-temps
    La tyrannie à son oreille :
Il semble Gulliver environné de nains....
    Voyez par des fils innombrables
    Des milliers de petites mains
    Fixer ses membres redoutables :
Ils y montent joyeux, triomphants... Le voilà
Bien lié !... Que faut-il pour briser tout cela ?
Qu'il se lève ! — Déjà de ses mains désarmées
Il lutte avec les forts où gît la trahison,
Et son pied en passant couche à bas les armées,
    Comme les crins d'une toison !

SA VOIX.

Et puis, victorieux, il jette un cri sublime,
Dont ceux qu'on a cru morts s'éveillent en sursaut,
    Qui fouille au plus profond abîme,
    Éclate au faîte le plus haut !
Un cri de liberté qui gronde et qui dévore,
Que frontières ni murs n'arrêtèrent jamais ;
Tonnerre au vol immense, à l'éclair tricolore,
    Qui menace tous les sommets !
Cri, dont se fait l'écho toute poitrine libre,
Cri, qui des nations renverse l'équilibre ;

12.

Oracle qu'en tous lieux et cultes et partis
Reconnaissent divin..., et comprennent s'ils peuvent,
Et qui fait que les rois sur leurs trônes s'émeuvent,
    Pour sentir s'ils sont bien assis!

SA VERTU.

Je crois le voir encor, le peuple, aux Tuileries,
Alors que sous ses pieds tout le palais trembla!
    Que de richesses étaient là!
    Étincelantes pierreries,
Trône, manteau royal sur la terre jeté,
Colliers, habits, cordons oubliés dans la fuite,
Enfin tout ce qu'avait la famille proscrite
    De grandeur et de majesté!
Hé bien! de ces trésors rien pour lui qui le tente;
De les fouler aux pieds sa fureur se contente;
Et dans ce grand château d'où les valets ont fui,
Partout, sans rien détruire, il regarde, il pénètre;
Montrant qu'il est le roi, montrant qu'il est le maître,
    Et que tout cela c'est à lui.

SON REPOS.

Non, rien de ces trésors, qu'il voit avec surprise,
Ne le tente. Il confie à des princes nouveaux
    Sa couronne qu'il a reprise,
    Et puis retourne à ses travaux.
Maintenant, courtisans de tout pouvoir qui règne,
Accourez, battez-vous, traînez-vous à genoux
    Pour ces oripeaux qu'il dédaigne,
    Et qui ne sont bons que pour vous;
Mais lorsque des grandeurs vous atteindrez le faîte,
N'ayez point trop d'orgueil d'être assis sur sa tête,

Et craignez de peser sur lui trop lourdement ;
Car, tranquille au plus bas de l'immense édifice
Pour que tout, au dessus, penche et se démolisse,
   Il ne lui faut qu'un mouvement !

GÉRARD.

COUPLETS PATRIOTIQUES.

Air de Caleb.

Une Bastille, aux voûtes sépulcrales,
Chargeait le sol de son poids ennemi ;
Ses vieux créneaux et ses tours féodales
Semblaient railler tout un peuple endormi.
La Liberté dormait près de sa tombe ;
Mais tout à coup le soleil de juillet
Vient l'éclairer !... que la Bastille tombe !
Elle tomba !... le peuple s'éveillait.

La Liberté déployait ses bannières,
Quand sous leur ombre un soldat s'éleva,
Et l'aigle altier, de ses puissantes serres,
Nous entraîna de l'Ebre à la Néva :
Nous le suivions de conquête en conquête ;
Mais, étrangère à nos hymnes guerriers,
La Liberté, courbant encor la tête
Se rendormit sous un toit de lauriers.   (bis)

Un jour... (après tant de jours de victoire!!!)
Nous combattions... hélas! ce fut en vain!
Et le pays, pour expier sa gloire,
Subit en pleurs le joug du droit divin!!!
Oui, par ses rois la France humiliée,
Trop confiante aux sermens solennels,
Rongeant son frein sous la Charte octroyée,
Porta quinze ans les tyrans paternels. } (bis)

Mais ce lien dont le poids les fatigue,
Ils l'ont brisé!!! le peuple déchaîné,
Comme un torrent libre enfin de sa digue,
Entre en roulant dans le Louvre étonné.
Victoire, amis! un ciel pur se découvre,
Oui, c'est encor le soleil de juillet!
La Liberté, de la Bastille au Louvre,
Mit quarante ans à franchir le trajet. } (bis)

Viens, d'Orléans! viens sauver la patrie!
Avec orgueil monté sur nos pavois!
Comme aux vieux temps de notre monarchie,
Le peuple est libre!... Il veut nommer ses rois.
Du droit divin le règne est éphémère,
La France brise un joug ensanglanté....
Sois notre Roi, par le vœu populaire!
Leur droit divin.... les vents l'ont emporté. } (bis)

Roi citoyen, fils de la république!
Tu nous réponds par un serment loyal,
Et sur ton front la couronne civique
Sert de parure à ton bandeau royal.

Ces attributs ne sont point illusoires,
Car, si jamais on enfreignait nos lois,
Tu serais roi pour protéger nos gloires
Et citoyen pour défendre nos droits. } (bis)

Unissons donc et le trône et la France !
Des rois félons le temps vient de finir !
Et qu'à jamais cette noble alliance
De nos enfans assure l'avenir.
Mais nous, surtout, nous, garde citoyenne,
Que notre prince a nommés ses soutiens,
De nos sermens, amis, qu'il nous souvienne,
Un roi français n'oubliera plus les siens. } (bis)

Amis ! après ses vertus populaires,
A notre amour qu'il ait un nouveau droit !
De son palais voisins ou tributaires,
Nous reposons près de son noble toit.
Que ma prière, amis, ne soit pas vaine !
Répondez tous à mon joyeux dessein,
Et commandés par notre capitaine,
Portons en chœur la santé du voisin. } (bis)

DUVERT,

LES PAVÉS.

Air de la ronde du maçon.

Bon ouvrier, tu viens de vendre
Ton fusil pour avoir du pain ;
Le travail se faisait attendre,
Peut-être il reprendra demain :
Mais, compagnon, ne pleure point tes armes ;
S'il survenait de nouvelles alarmes,
Si la patrie encor criait : Holà !
  Du courage !
  A l'ouvrage !
Les pavés sont toujours là.   (*bis*)

Des fiers guerriers de la police
On vit, par un moyen nouveau,
Nos pavés, mieux que la réglisse,
Traiter les rhumes de cerveau.
D'un peuple libre invincible mitraille,
Ils balayaient la brillante canaille,
Qui si long-temps dans nos poches vola.
  Du courage !
  A l'ouvrage !
Les pavés sont toujours là.

Faut-il encor qu'on en balaie ?
Bien des gens semblent oublier
Que la Liberté pour monnaie
N'a que des feuilles de laurier :

Si c'est trop peu pour payer leur dépense,
Nous solderons les comptes de la France
Avec des fonds moins légers que ceux-là.
  Du courage !
  A l'ouvrage !
 Les pavés sont toujours là.

Des droits du genre humain sois l'arche,
France, il te devra ses progrès,
Et les voix qui lui crîront : Marche !
Ne crîront ce mot qu'en français ;
En attendant, dis aux peuples esclaves :
Il est partout des armes pour les braves !
Fusils, canons, méprisez tout cela.
  Du courage !
  A l'ouvrage !
 Les pavés sont toujours là.

Génard.

L'AVÈNEMENT DE PHILIPPE Ier.

Frappé de cet esprit de démence soudaine,
 Qui dans l'abîme a poussé tant de rois,
 Charle avait dit : « La France est mon domaine ;
Dieu fit mon trône, et n'a pas fait vos lois.
Vos lois !... en avez-vous ? Cette Charte éphémère,
Que Louis, pour tromper l'exigence des temps,
Jeta, comme un hochet, à l'orgueil populaire....
  Il la donna ; je la reprends ! »

Roi malheureux ! ainsi s'abusait ta puissance ;
Et ta cour, en espoir, déjà rivait nos fers.
  Tu consultas des ministres pervers :
    Avais-tu consulté la France ?

Honte ! honte éternelle à qui te conseilla !
Tu n'étais qu'égaré, l'on t'a voulu coupable ;
Alors, sous tes lambris, une voix formidable,
Voix par qui le destin souvent se révéla,
  La voix du peuple en sursaut t'éveilla !
Contre la liberté tes gardes accoururent,
Le peuple fit un pas, et tes gardes moururent,
    Et ton trône croula.

    Qu'il fut digne de sa victoire,
Ce peuple généreux que tu ne compris pas !
Debout, le fer en main, sous les yeux de l'histoire,
  Il accomplit en trois jours de combats
  Assez de faits pour trois siècles de gloire !

La grande nation a reconquis ses droits :
Notre sang, qui coula sur les marches du trône,
N'a que trop effacé nos sermens d'autrefois !
Libres, c'est notre amour qui dicte notre choix....
O vertueux Philippe, accepte la couronne :
  Elle est long-temps sur la tête des rois,
    Quand c'est un peuple qui la donne.

AGOUB.

LE VIEUX SOLDAT MOURANT

ET LE DRAPEAU TRICOLORE.

Air des Enfans de la France, de Béranger.

Au jour heureux où la noble bannière
De la colonne orna le front altier,
Près d'expirer au sein de la misère,
Sur un grabat reposait un guerrier.
Sur le sommet, que le blanc déshonore,
A ses regards tout à-coup est planté
 L'étendard de la liberté.
 Honneur au drapeau tricolore !

A cet aspect, gage de la victoire,
Du vieux soldat le corps a frissonné ;
Ainsi qu'aux jours de danger et de gloire,
Le sang remonte à son front sillonné ;
Il tend les bras vers l'astre qu'il adore ;
L'espoir soudain sur son visage a lui :
 Il pleure, en disant, hors de lui :
 « Honneur au drapeau tricolore !

» Salut, ô toi dont la vive lumière
» Guidait nos pas aux plaines de Fleurus,
» Lorsque nos mains donnaient pour cimetière
» Le sol français aux tyrans accourus.

» Contre un despote un peuple nous implore :
» Nous accourons ; l'esclave triomphant
   » Brise ses chaînes en chantant :
   » Honneur au drapeau tricolore.

» Du sein des rangs, comme un géant immense,
» Soudain s'élance un conquérant soldat :
» Son bras saisit les rênes de la France.
» Sous toi, pour lui je volais au combat.
» Il disparut, semblable au météore
» De qui l'éclat dure quelques instans ;
   » Et je ne pus dire long-temps :
   » Honneur au drapeau tricolore !

» Un roi suivi d'une horde étrangère
» Au lieu de toi, nous impose les lis.
» De nos travaux l'opprobre est le salaire,
» Et nos exploits sont payés de mépris.
» En regardant la couleur que j'abhorre,
» Je dévorais mon désespoir amer,
   » Tout bas forcé de répéter :
   » Honneur au drapeau tricolore !

» Dix fois en vain, quand grondait la tempête,
» Sur ces lambeaux fixé par le trépas,
» Pour prendre un fer ma faible main s'apprête ;
» Vous triomphez sans l'appui de mon bras !
» D'un jour serein je vois naître l'aurore,
» Pour mon pays s'offre un bel avenir ;
   » Je puis dire avant de mourir :
   » Honneur au drapeau tricolore ! »

La voix alors sur ses lèvres expire.
Près de la mort, sur ses traits mutilés
Se peint encore un reste de sourire.
Vers le drapeau ses regards sont tournés.
Ses yeux mourans le contemplent encore ;
Il dit adieu de son bras défaillant,
 Et sa voix murmure, en mourant :
 Honneur au drapeau tricolore !

F.-X.-J. REBIÈRE.

POLIGNAC.

ORDRE DU JOUR DU 25 JUILLET 1830.

Air : *A la façon de Barbari.*

Venez, venez, dignes soutiens
 De ma grande puissance,
Formons contre nos plébéiens
 Une sainte alliance :
Car, en dépit des députés,
  Toujours entêtés
  Pour nos libertés,
Je veux rester ministre ici,
  Biribi ;
A la façon de Barbari,
  Mon ami.

Pour mieux couronner mon projet,
 Il faut casser nos chambres ;
Proroger n'est pas notre fait :
 Renvoyons tous les membres.
Plus de Charte ; alors, gais, dispos,
 Au moindre à-propos,
 Mettons des impôts ;
Pour moi sera l'heureux boni,
 Biribi,
A la façon de Barbari,
 Mon ami.

Mon père, dit-on, fut cornard ;
 Ce reproche est bien mince ;
Si ma mère fit un bâtard,
 Ce fut avec un prince ;
Elle avait un cœur trop aimant ;
 Son tempérament
 Voulait un amant :
Mais combien elle en a gémi,
 Biribi,
A la façon de Barbari,
 Mon ami.

Malgré moi, je sens chaque jour
 Se refroidir mon zèle,
Depuis que je vois à la cour
 Le bien-aimé Villèle.
Viendrait-il pour me remplacer?
 S'il ose y penser,
 Il faut le chasser ;

Son règne à jamais est fini,
    Biribi,
A la façon de Barbari,
    Mon ami.

Nobles enfans de Loyola,
    Mettez-vous à l'ouvrage ;
Pour vous protéger, me voilà,
    Reprenez du courage :
Sans crainte dans un vieux sermon
    Parlez du démon
    Toujours en mon nom ;
Le ciel nous sourit, Dieu merci !
    Biribi,
A la façon de Barbari,
    Mon ami.

Sans fiefs, dîmes, droits féodaux,
    Que serions-nous en France ?
Rustres, citadins et badauds
    Sont nés pour la souffrance.
Aux savans mettons des baillons,
    Aux gueux des haillons ;
    Sans bruit travaillons ;
Notre pouvoir sera béni,
    Biribi,
A la façon de Barbari,
    Mon ami.

Comédon.

LE RÉVEIL NATIONAL.

Air du Mont Saint-Jean.

Lorsque l'olivier tutélaire
Prête son ombre à nos héros,
La discorde trouble la terre
Et fait craindre pour son repos.
L'hydre du pouvoir despotique
S'agite et veut nous terrasser.
De notre couronne civique
Je vois les rayons s'effacer.
O mon pays, terre féconde en braves,
On veut de tes enfans faire un peuple d'esclaves !
Reprends ton antique fierté,
Et du tombeau sauve ta liberté.

Pour la liberté, pour la gloire,
France, j'ai vu marcher tes fils ;
Avec eux j'ai vu la victoire
Marcher du Tage au Tanaïs.
Jadis, ton exemple sublime
Des peuples dessilla les yeux ;
Réveille-toi ; sors de l'abîme
Qu'ouvrent des flatteurs odieux.
O mon pays, etc.

Les bords de l'empire des ondes
Ont vu fleurir la liberté,

Et par les échos des deux mondes,
Leur nom jusqu'aux cieux est porté.
La gloire de Sparte et d'Athènes
Suit le char des peuples divers ;
Et nous qui brisâmes leurs chaînes,
Devons-nous gémir dans les fers ?
O mon pays, etc.

Comment donc s'est-elle éclipsée
Cette gloire qui t'illustrait ?
Français ! jusques à ta pensée,
Dans ton cœur est mise au secret !..
Ignace à tes destins préside,
Omar te façonne des lois ;
A l'ambition qui les guide
Tes tribuns immolent tes droits.
O mon pays, etc.

Malheur à qui du sceptre abuse !
Pour lui tout repos est perdu.
Sur le tyran de Syracuse,
Le fer fut toujours suspendu...
N'avons-nous donc plus ce courage
Qui fit trembler les potentats ?...
La Charte est là ! plus d'esclavage !
Citoyens ! nous sommes soldats !
O mon pays, terre féconde en braves !
On veut de tes enfans faire un peuple d'esclaves.
Reprends ton antique fierté.
Et du tombeau sauve ta liberté.

E.-T. PITON.

LES TROIS JOURNÉES.

POT-POURRI.

Air : *Aux soins que je prends de ma gloire.*

Rêvant aux maux de ma patrie,
Au milieu d'un désordre affreux ;
J'entends une voix qui me crie :
Viens, suis-moi jusque dans les cieux.
J'approche, et regarde en silence,
Alors le destin me montra
Que le bonheur doit naître en France, ⎫
Dès que Charles disparaîtra. ⎭ (bis)

Air du Ballet des Pierrots.

Soudain à mes yeux se découvre
Un spectacle vraiment nouveau :
A travers des feux, sur le Louvre
Je vois flotter mon vieux drapeau.
De notre histoire ouvrant les pages,
Clio trace encor des hauts faits.
Enfin je vois sur des nuages
La déesse chère aux Français.

Air : *J'veux être un chien, à coups de pied.*

Dieu soit loué ! dis-je à l'instant.
Puis en sursaut me réveillant,
J'entends au loin gronder la foudre ;
De Charles je vois les soutiens
Mitrailler les bons Parisiens.
   Ah ! traître de roi,
   Tu vas voir, ma foi !
Comme nous savons en découdre.

[Air : *Bataille ! Bataille !*

   Aux armes !
   Aux armes !
Tout Paris s'apprête au combat.
   Aux armes !
   Aux armes !
Tout est soldat, tout est soldat.
Indigné, frémissant de rage,
Mais plein d'ardeur et de courage,
  Chacun s'arme de son côté,
  Au cri mille fois répété :
  Vive la liberté !
   Aux armes !
   Aux armes !
Tout Paris s'apprête au combat.
   Aux armes !
   Aux armes !
Tout est soldat, tout est soldat.

Air de Julie, ou du Pot de fleurs.

Lâche roi, ministres perfides,
Vous qui provoquez ce grand jour,
En vain vous armez vos séides :
Vous allez craindre à votre tour.
Depuis long-temps la France vous surveille ;
Tous vos complots sont découverts.
Vous qui vouliez le mettre aux fers,
Tremblez:... le lion se réveille.
Vous qui vouliez la mettre aux fers,
Tremblez:... le lion se réveille,
  Se réveille.

Air du Pas redoublé.

Le combat vient de s'engager;
 Des tirailleurs habiles,
De toutes parts viennent charger
 Les colonnes mobiles ;
Mais surtout de nos jeunes gens
 L'ardeur est sans égale;
Déjà s'éclaircissent les rangs
 De la garde royale.

Air de Mariane: Suzon sortait de son village.

Sans chefs, sans ordre de bataille,
Mais animé d'un beau transport,
Le peuple a travers la mitraille
S'élance, et court braver la mort.

En un instant
Chaque habitant
Arme son bras et devient combattant.
Avec fracas,
Dans vingt combats,
Le plomb se croise et renvoi'(1) le trépas.
Chacun signale son courage
Dans la ville et dans les faubourgs,
Et tout Paris pendant trois jours
Est un champ de carnage.

Air d'Aristippe, ou la capitale est ma ville natale, ou du voyage en Italie.

Mais c'est en vain qu'une garde flétrie
Voudrait porter la terreur dans nos rangs.
Le mots sacrés d'honneur et de patrie
Ont enfanté de jeunes conquérans.
Lâches, tremblez ! cette ardente jeunesse,
Digne en tout point d'un illustre renom,
Lance sur vous la foudre vengeresse,
Au souvenir des *Buttes Saint-Chaumont.*

Air de Calpigi.

Que vois-je? au milieu du vacarme,
Un chiffonnier qui pour son arme
Refuse jusqu'à cinq cents francs,
Ajuste, et dit en même temps :   (*bis*)

(1) L'auteur n'ignore pas qu'il manque ici un *e* muet ; mais il a cru pouvoir se permettre cette licence pour ne point dénaturer sa pensée en substituant un autre mot.

J'espère voir grossir le nombre
De ceux qu'il vient de mettre à l'ombre.
Mon cher monsieur, gardez votre or :
Mn fusil vaut mieux qu'un trésor. *(bis)*

Air : *Elle aime à rire, elle aime à boire.*

Enfin le drapeau tricolore,
Emblème de nos vieux succès,
Brille aux fenêtres du palais
De ce roi que la France abhorre ;
Après mille faits inouis
Je vois le peuple ivre de gloire,
J'entends partout crier Victoire !
Honneur aux enfans de Paris !
J'entends partout crier Victoire !
Honneur aux enfans de Paris
J'entends partout crier Victoire, ⎫
Honneur aux enfans de Paris.   ⎬ *(bis)*

Air du Val de Vire, ou Mon père était pot.

Alors je vois de tous côtés
  Les gardes mercenaires
Fuyant à pas précipités
  Devant leurs adversaires ;
   Je vois les lanciers
   Et les cuirassiers
  En déroute complète,
   Quand, pour son salut,
   Marmont disparut
  Sans tambour ni trompette.

Air : *Bonjour , mon ami Vincent.*

En arrivant à Saint-Cloud,
Un officier d'humeur franche
Dit : Sire, c'est pour le coup
Qu'il faut repasser la Manche.
Vos soutiens sont au désespoir.
Croyez-moi, décampez ce soir,
N'attendez pas jusqu'à dimanche ;
Paris tout entier marche sur nos pas :
  Ne pleurez donc pas,
  Car tous vos hélas !
Ne servent à rien ; il faut sauter l'pas.

Air : *Il était un roi d'Yvetot.*

Ah ! dit Charles tout stupéfait,
 Voyant sa déchéance,
Le beau chef-d'œuvre que j'ai fait
 Va me coûter la France ;
Puis dans mille ans et par delà,
Celui qui de moi parlera
  Dira :
Oh ! oh ! oh ! oh ! Ah ! ah ! ah ! ah !
Le pauvre roi que c'était là,
  Là, là !

Air : *Il était une fille, une fille d'honneur.*

Ainsi finit l'histoire
De nos sanglans combats,

Et du plus sot des potentats... Ah !
Charles s'enfuit sans gloire,
Sans cœur et sans vertu,
Ainsi qu'il a vécu... Hu !

P. MARTEAU.

LE CHANT DU PRISONNIER.

(1826.)

Air de Philoctète.

De par le roi, l'on vient de me sommer,
Et des écrous s'est ouvert le registre ;
De mes geôliers j'entends la voix sinistre :
Sous les verroux ils viennent m'enfermer.
Qu'un doux espoir en mon cœur se maintienne
Dans les ennuis de ma captivité....
Ah ! sans regrets je perds ma liberté,
O mon pays ! si tu sauves la tienne.

Garde du feu tes sublimes écrits,
Conserve bien tes fastes militaires ;
Ferme l'oreille aux noirs missionnaires,
A ces cafards réponds par tes mépris.
Que de Thémis le glaive te soutienne ;
De la raison suis toujours la clarté ;

Ah! sans regrets je perds ma liberté,
O mon pays! si tu sauves la tienne.

Du fanatisme arrête les progrès,
D'un voile obscur il veut couvrir ta gloire;
De tes exploits il proscrit la mémoire,
Le fiel dévot ternit le nom français.
Souffriras-tu que Tartufe te mène?
Oppose-lui ton courage indompté:
Ah! sans regrets je perds ma liberté,
O mon pays! si tu sauves la tienne.

Impunément on ose t'outrager.
Le froc succède au bouclier d'Achille,
Et par ses lois un ministre servile
Te fait subir le joug de l'étranger.
Relève-toi! du Tage au Borysthène
Tu peux encor voir ton nom respecté:
Ah! sans regrets je perds ma liberté,
O mon pays! si tu sauves la tienne.

Bientôt, hélas! tes enfans éperdus
Du despotisme éprouveront l'empire;
La Charte usée en lambeaux se déchire,
Et sans retour tes droits seront perdus.
Que de ta force au moins il te souvienne,
Si de ta gloire on t'a deshérité:
Ah! sans regrets je perds ma liberté,
O mon pays! si tu sauves la tienne.

Parle à ton roi, tu peux, il le faut;
S'il tient de Dieu son sceptre tutélaire,

Il entendra ta plainte et ta prière :
La voix du peuple est la voix du Très-Haut.
Il en est temps, fais qu'elle lui parvienne ;
Un prince juste aime la vérité :
Ah ! sans regrets je perds ma liberté,
O mon pays ! si tu sauves la tienne.

E. C. PITON.

LES CONFESSIONS DE POLIGNAC.

Air : *J' veux être un chien.*

Messieurs, n'en soyez point surpris,
Tout exprès j'arrive à Paris
Pour y raconter mon histoire ;
Je veux m'expliquer avec vous.
Mais suspendez votre courroux.
    Comment, nom d'un chien !
    Pour un mot, un rien,
Vous voulez m' casser la mâchoire !

Je ne fus jamais intrigant ;
J'en jure par le drapeau blanc.
Bons Français, vous devez me croire,
Parfois on m'a vu conspirer ;
C'était pour me faire admirer :
    Comment, etc.

Mon sang parlait pour un Bourbon ;
Chasseur adroit, jésuite et bon,
J'étais enchanté de sa gloire ;
Il poursuivait lapins, perdreaux,
Moi, je chassais les libéraux.
  Comment, etc.

Quand je proposais un projet,
Vite vous parliez du budget.
Ce mot est pour moi du grimoire.
Pardonnez : je n'ai jamais lu,
Et veux le pouvoir absolu.
  Comment, etc,

L'arrêt qui proscrit les auteurs
Et bâillonne les rédacteurs,
J'ai signé : le fait est notoire.
Foin du Constitutionnel !
Nous préférons notre missel.
  Comment, etc,

Sur vous les soldats ont fait feu.
Mes bons amis, c'était un jeu,
Pour éterniser ma mémoire :
Trop prudent pour suivre leurs pas,
Je leur disais : Ne manquez pas.
  Comment, etc.

Messieurs, je suis donc innocent,
Et vous quitte dès ce moment
Pour voler aux bords de la Loire,
Comment ! est-ce du sérieux ?

Chacun veut m'arracher les yeux.
Comment, nom d'un chien !
Pour un mot, un rien,
Vous voulez m' casser la mâchoire.

COMÉDON.

LA BRUXELLOISE.

Air de la Marseillaise.

Belges ! un cri s'est fait entendre :
Guerre aux tyrans ! armons nos bras !
Que leur trône, réduit en cendre,
S'écroule soudain sous nos pas.　　　(bis)
Plus de joug, de liens, d'entraves,
Nos lois, nos droits sont écrasés,
Ils les ont eux-mêmes brisés :
Fûmes-nous jamais des esclaves ?
Grondez, canons, grondez, et répandez la mort,
Grondez (bis); un ciel vengeur protége notre effort.

Un peuple lâche et fratricide
Ose se lever contre nous ;
C'est la liberté qui nous guide,
Il doit succomber sous nos coups.　　　(bis)
Pour lui la honte, à nous la gloire :
Bruxelles s'arme et veut.... tout fuit,
Son peuple fier a tout détruit,
Sa volonté, c'est la victoire !

Grondez, canons, grondez, et répandez la mort,
Grondez (*bis*); un ciel vengeur protége notre effort.

  Comme la France, son émule,
  La Belgique a ses défenseurs.
  La horde des tyrans recule
  Devant ses magiques couleurs.   (*bis*)
  A travers le feu, la mitraille,
  Nos drapeaux marchent triomphans;
  C'est à nos citoyens vaillans
  Que reste le champ de bataille....
Grondez, canons, grondez, et répandez la mort,
Grondez (*bis*); un ciel vengeur protége notre effort.

  Par vous nos portes envahies,
  Vils sicaires, vous ont vus fuir;
  Vos cohortes anéanties
  N'ont combattu que pour mourir.   (*bis*)
  Frédéric, qui bravait l'orage,
  Se fondait sur un fol espoir;
  Bruxellois! il vient de nous voir,
  Il sait quel est notre courage.
Grondez, canons, grondez, et répandez la mort,
Grondez (*bis*); un ciel vengeur protége notre effort.

  Des Belges la troupe aguerrie
  Ne verse pas en vain son sang;
  Notre tonnante artillerie
  Sème la mort dans chaque rang.   (*bis*)
  Vous qui vous prétendiez nos maîtres,
  Qui nous traitiez en ennemis,

En vous déclarant nos amis,
Vous fûtes des brigands, des traîtres.
Grondez, canons, grondez, et répandez la mort,
Grondez (*bis*); un ciel vengeur protége notre effort.

Liberté, revois nos contrées,
Viens! nous sommes dignes de toi.
Nos villes long-temps éplorées
Vont enfin vivre sous ta loi. (*bis*)
En tout temps des Belges chérie,
Tu fus leur unique désir;
Nos bras ont su te conquérir :
Fixe-toi dans notre patrie !
Grondez, canons, grondez, et répandez la mort,
Grondez (*bis*); un ciel vengeur protége notre effort.

Vous qui sous les balles royales
Avez rencontré le trépas,
Oui, vous vivrez dans nos annales,
Vos noms ne s'effaceront pas. (*bis*)
Des guerriers frappés par le glaive
Le souvenir sera sacré;
Que de nos respects entouré,
Leur tombeau triomphal s'élève.
Grondez, canons, grondez, et répandez la mort,
Grondez (*bis*); un ciel vengeur protége notre effort.

Gustave Naquet.

LE CHANT DU COQ DES GAULOIS.

Air : *Je suis né natif de Ferrare.*

Méditant des projets sinistres,
Le faible Charle et ses ministres
Ont voulu faire un coup d'état :
Tout aussitôt *gallus cantat.*
Aux accens de sa voix sonore,
Prenant un drapeau tricolore,
La France cria : Liberté !
Mes enfans, le coq a chanté.   (*bis*)

Paris comprit ces mots magiques,
Et, par des efforts héroïques,
Tourna contre nos oppresseurs
Le fer et le feu destructeurs.
De Montrouge un essaim de prêtres
Dit au bon roi : Tirez vos guêtres.
— Comment ! dit le prince hébété.
— Ah ! sire, le coq a chanté.   (*bis*)

— Bon ! serait-ce un coq de bruyère ?
— Non, sire ; il lance le tonnerre.
— J'ordonne qu'au maudit poulet
On coupe vite le sifflet.
— Grand roi, quelles irrévérences !
Paris brûle vos ordonnances ;

Mais voici Marmont tout crotté !
Ah ! sire, le coq a chanté.   (*bis*)

— Que m'apprend sa mine confuse ?
Ciel ! aurait-on rossé Raguse ?
Que fait mon ami Polignac ?
Il me laisse en un beau mic-mac.
Guernon, Montbel et Chantelauze
Laisseraient-ils déjà ma cause ?
Peyronnet a-t-il déserté ?
Ah ! le maudit coq a chanté !   (*bis*)

Aux jours donnés à la victoire
Joignant encor des jours de gloire,
Près de notre femme rendu,
Réparons tout le temps perdu.
Que chaque matin, à l'aurore,
Elle dise et redise encore
Ce refrain par l'amour dicté :
Mon ami, le coq a chanté !   (*bis*)

Villageois, le nouveau régime
Vient vous affranchir de la dîme ;
Mais rossez à coups d'échalas
Et vos curés et vos prélats.
Sous un roi fait à notre guise,
Vous aurez la poule promise.
Henri-Quatre est ressuscité ;
Mes amis, le coq a chanté !   (*bis*)

Si l'étranger, dans son délire,
Contre nos libertés conspire,

Montrons-lui, de taille et d'estoc,
Que notre coq est un bon coq.
Que, perché sur notre bannière,
Il soit planté sur la frontière,
Et disons aux plus effrontés :
Halte là ! le coq a chanté ! (*bis*)

Voyez le champagne qui mousse !
Comme, diable ! il nous éclabousse !
Pourriez-vous craindre son bouchon ?
Vous avez bravé le canon.
Pour notre pays qui prospère
Avalons jusques au tonnerre.
Des dames portons la santé ;
Nos amis, le coq a chanté ! (*bis*)

DELBOUR.

LES DEUX DRAPEAUX.

Quand sur nos murs flottait le drapeau blanc,
Nous gémissions dans un honteux servage ;
La main de fer d'un despote indolent
Courbait nos fronts sous un dur esclavage.
La Liberté bientôt sécha nos pleurs ;
Elle leva sa tête noble et fière :
Tu nous quittas soudain, pâle bannière !
Et toi, tu vins, drapeau des trois couleurs !

Lorsque du nord les barbares soldats
Vinrent, jaloux de notre délivrance,
Quel étendard au milieu des combats
Guida les rangs des enfans de la France ?
Aux rois tremblans présageant des malheurs,
Quel étendard dompta l'Europe entière ?
Ce ne fut pas une pâle bannière,
Mais ce fut toi, drapeau des trois couleurs.

Quand la victoire amena nos guerriers
Jusques aux pieds des vieilles pyramides;
Quand, pour leurs fronts, ils cueillaient des lauriers
Dans les déserts, dans les sables arides;
Et lorsqu'enfin ces superbes vainqueurs
D'un mont glacé foulaient la cime altière,
Elle dormait, cette pâle bannière !
Et tu brillais, drapeau des trois couleurs !

O drapeau blanc, tant qu'il fut des dangers,
Tu n'osas point te montrer à nos portes;
Mais quand pour toi les princes étrangers
Contre la France unirent leurs cohortes,
Du lis flétri nous revîmes les fleurs,
Et, secouant de tes plis la poussière,
Au milieu d'eux tu vins, pâle bannière !
Tu fus en deuil, drapeau des trois couleurs !

Du despotisme infâmes étendards,
A nos malheurs ils insultaient naguère.
Insolemment ils paraient nos remparts.
A retenti soudain le cri de guerre.

La liberté vient de sécher nos pleurs;
Elle a levé sa tête noble et fière :
Sur les lambeaux de la pâle bannière
Tu reparais, drapeau des trois couleurs!

EDOUARD OURLIAC.

LA GRANDE SEMAINE.

Paris a vaincu les tyrans,
Et conquis notre indépendance;
Le sang de ses nobles enfans
A coulé pour notre défense.
Le trône est tombé sous leurs coups;
Du peuple ils ont brisé la chaîne;
La France est libre : gloire à vous,
Héros de la grande semaine!

Tu croyais, monarque insensé,
Dans tes vains rêves de puissance,
Qu'aisément d'un peuple offensé
Tu pourrais braver la vengeance.
Pour briser ton sceptre en éclats,
Il fallut à ce peuple, à peine,
Malgré le fer de tes soldats,
Trois jours de la grande semaine!

Charles va d'états en états
Traîner sa honte et sa vieillesse;
Craignez son sort, fiers potentats,
Ou gouvernez avec sagesse.
Le despotisme, sans retour,
Mène à Lutworth, à Sainte-Hélène;
Tremblez : chaque peuple, à son tour,
Peut avoir sa grande semaine !

Entendez-vous au loin ces cris,
Ces transports bruyans d'allégresse ?
Honneur au peuple de Paris !
Gloire à la France, à sa jeunesse !
Le Belge se lève; et l'Anglais,
Oubliant son antique haine,
Vante avec orgueil les hauts faits
Des héros de notre semaine !

Ce n'est plus par le droit divin
Que les rois arrivent au trône;
Le peuple seul est souverain;
C'est lui qui donne la couronne.
Philippe, appelé par ses vœux,
Lui doit sa puissance soudaine;
Il tient son sceptre glorieux
Des héros de notre semaine !

De ton destin réjouis-toi !
L'ami de Washington, ô France !
Est aussi celui de ton roi;
Un règne heureux pour toi commence,

Vois la liberté sur leurs pas,
Portant l'olivier et le chêne ;
Le calme succède aux combats ;
La paix à la grande semaine !

JULES ZANOLE.

LE COQ FRANÇAIS.

MUSIQUE DE M. CARAFA.

Oiseau sacré de la patrie,
Toi, l'idole de nos aïeux,
Reprends une nouvelle vie,
Viens te présenter à nos yeux.
A ton noble aspect, que notre âme
Se rouvre à la sérénité ;
Ecoutez, Français ! il proclame
L'aurore de la liberté.

Jadis aux champs de la victoire,
A travers le feu des combats,
L'aigle, symbole de la gloire,
Brillait aux fronts de nos soldats.
Mais fier de ses destins prospères,
Confiant en sa majesté,
De ses trop redoutables serres
Il étouffait la liberté.

Le coq, au radieux plumage,
Moins cruel, vaillant comme lui,
Va présider au nouvel âge
Qui par nous commence aujourd'hui.
De l'aigle il garde l'assurance,
Et la noblesse et la fierté :
Désormais qu'il soit pour la France
L'emblème de la liberté.

Français ! si jamais l'arbitraire
Osait, par l'erreur aveuglé,
Porter une main téméraire
Au droit que le sang a scellé,
Avant le retour de l'aurore,
Eveillant notre activité,
Le chant du coq serait encore
Le signal de la liberté.

GUSTAVE DE LALANCE.

LA GRANDE SEMAINE.

Air : *Dès le grand matin.*

Stupeur le lundi ;
Rumeur le mardi,
Mercredi grande revanche.
Jeudi tout l'parti d'Charles X s'démanche ;
L'bon droit, la victoire étaient dans not' manche.
On s'parl' vendredi ;
On s'entend sam'di ;
Nous nommons not' roi dimanche.

A LA RENOMMÉE.

Air: *Jeunes amans favoris de la gloire.*

Tu reposais, inquiète, alarmée,
Quand sur Paris tes yeux se sont ouverts.
Reprends ton vol, auguste Renommée,
Dis que les Francs on su briser leurs fers.

Avec effroi tu pâlis, et regardes
Ces trois couleurs qu'un traître abandonna.
Va, ne crains rien, reconnais les cocardes } (bis)
Qui nous paraient, à Fleurus, à Wilna.
Tu reposais, etc.

Tu nous trompais, quand d'un prince perfide
Tu célébrais les vertus, les projets;
Détourne-toi, car sa main homicide } (bis)
Est teinte encor du sang de ses sujets,
Tu reposais, etc.

Vois ces enfans que la valeur décore:
Pendant trois jours ils furent triomphans;
Fixe-les bien, fixe-les bien encore! } (bis)
Tous ces héros ne comptent pas vingt ans.
Tu reposais, etc.

D'un sexe fait pour charmer notre vie,
Voir le courage et les soins généreux ;
Ses pleurs coulaient pour la *mère-patrie*,⎫
En secourant nos frères malheureux.   ⎬ (bis)
Tu reposais, etc.

Pour signaler des soldats sanguinaires,
Je vois déjà tes crayons préparés ;
Cache leurs noms, déesse, ils sont nos frères;⎫
Pardonne leur; ils ne sont qu'égarés.   ⎬ (bis)

Tu reposais, inquiète, alarmée,
Quand sur Paris tes yeux se sont ouverts.
Reprends ton vol, auguste Renommée,
Dis que les Francs ont su briser leurs fers.

COMÉDON.

LE SOLEIL DE JUILLET 1830.

Astre témoin de nos succès rapides,
Hâte ta course ; apprends à l'univers
Que nous savons châtier les pervers,
Que nous savons pardonner aux perfides,
 Que nous savons briser nos fers.

Va, tu peux dire à nos héros d'Afrique
Que, nous aussi, renversons les tyrans ;
Que les accens du chant patriotique
Font tressaillir et frissonner nos rangs.
Astre, etc.

Charles enfreint le pacte qui nous lie ;
Il s'est joué de la plus sainte loi ;
Qu'il traîne ailleurs sa couronne avilie.
Un roi parjure !... Il n'est plus notre roi.
Astre, etc.

Sans se voiler aux momens des alarmes,
Ton feu brûlant animait nos combats.
O jours fameux ! où tout un peuple en armes,
Pour vivre libre, affrontait cent trépas.
Astre, etc.

Tu contemplais les rives de la Seine,
Et vis nos fils, nos frères égorgés ;
Ils sont tous morts en brisant notre chaîne ;
Ne pleurons plus... Nous les avons vengés !
Astre, etc.

De trois rayons soustraits à ta lumière
Nous avons fait le drapeau glorieux
Qui subjugua la vieille Europe entière,
Qui nous présage encor des jours heureux.
Astre, etc.

Oui, je le sens, le transport qui m'anime
Est un bienfait de ta divinité.
Le monde entier d'une voix unanime
Répétera : Liberté ! Liberté !!!
Astre témoin de nos succès rapides,
Hâte ta course ; apprends à l'univers,
Que nous savons châtier les pervers,

Que nous venons pardonner aux perfides,
Que nous savons briser nos fers.

DELBOUR.

LE PANTHÉON.

CANTATE.

Du Panthéon revêtons nos héros.
Chez les anciens puisons ce noble exemple.
Hier à peine ils avaient des tombeaux :
   Aujourd'hui donnons-leur un temple.
Des imposteurs de ce temple divin
Ont trop long-temps détrôné leur mémoire,
Et trop long-temps ont effacé l'histoire
   Du Panthéon républicain.

La France est noble en sa reconnaissance.
De nos grands citoyens qu'on burine les noms,
Et faisons dire aux autres nations :
   Honneur aux enfans de la France!

Sur nos drapeaux voyez le coq gaulois,
Qui de la Charte a sonné la victoire ;
Nous l'avons vu piquer le front des rois
   Qui tramaient la mort de la gloire.

Nos souvenirs excitaient leur dédain;
Mais sous nos pieds leur tête s'est flétrie;
Ils sont tombés, et déjà la patrie
  Possède un roi républicain. *
La France est noble en sa reconnaissance ! etc.

Foy, Manuel, dormez au Panthéon;
La Liberté vous trace une couronne :
Et dans Paris bientôt Napoléon
  Viendra dormir sous la colonne...
Et vers le soir, quand l'homme des destins
Exhumera son ombre grande encore,
Il reverra sous l'astre tricolore
  Ses vieux soldats républicains...
La France est noble en sa reconnaissance ! etc.

Au bruit soudain de la chute des rois,
Voyez frémir ces nations entières,
Qui, rougissant de nos fameux exploits,
  S'instruisent près de nos frontières.
De la Belgique a sonné le tocsin,
Et les cortès ont réveillé la gloire,
Il sortira du sein de leur victoire
  Un Panthéon républicain.
La France est noble en sa reconnaissance, etc.

Tout peuple est grand s'il sait briser ses fers;
Le monde entier voit une ère nouvelle...
Mort aux tyrans ! et que dans l'univers
  S'élève une Charte éternelle;

---

* On se souvient que le général Lafayette, en embrassant Louis-Philippe, s'est écrié : « Voilà la meilleure république. »

Et nous Français, nous peuple souverain,
N'oublions pas qu'en frappant l'esclavage,
Tout citoyen a droit pour son courage
  Au Panthéon républicain...
La France est noble en sa reconnaissance! etc.

Oh! sois encor la grande nation,
France, et reprends ce surnom énergique
Dont te dota jadis Napoléon,
  Vieux soldat de la république...
Vois Lafayette échauffant dans ton sein,
Des citoyens armés pour ta défense...
Ils grandiront, heureux par l'espérance
  Du Panthéon républicain.
La France est noble en sa reconnaissance.
De nos grands citoyens qu'on burine les noms,
 Et faisons dire aux autres nations:
  Honneur aux enfans de la France!

AUGUSTE LEBRAS.

CANTATE.

Ils disaient: La France sommeille,
Le moment est venu de lui donner des fers;
Vingt ans ses bataillons domptèrent l'univers!...
Le front dans la poussière, il faut qu'elle s'éveille.

  Paraissez, Marmont,
  Tirez votre épée;
  Celle de Bourmont,
  Ailleurs occupée,

Vous ôte un rival ;
A vous seul la gloire
D'un fait déloyal
Dont auront mémoire
Nos derniers neveux !...
Il fallait un traître,
Mais ils étaient deux...
Soudain à son maître,
Marmont obéit ;
Et de la bataille,
L'horrible mitraille,
Au loin retentit.
Ils disaient : La France sommeille, etc.

Mais ils avaient compté, dans leur funeste erreur,
Sur un peuple opprimé, promis à l'esclavage ;
Ils croyaient, sur la foi d'un rapport imposteur,
Revoir de Saint-Denis le nocturne carnage !
Mais ils ne savaient pas
Qu'instruit par sa défaite,
Un peuple de soldats,
Comme aux jeux d'une fête,
Volerait au combats.
Ils disaient : La France sommeille, etc.

Peuple, sois libre enfin ; ton arrêt est signé :
Dieu le conservera dans ses archives saintes ;
Oui, le sang a coulé ; nos bornes en sont teintes.
Femmes, vieillards, enfans, rien ne fut épargné :
Vous tous qui de la mort sentîtes les atteintes,
Héros ! consolez-vous : le tyran a régné.
Vos exploits iront, d'âge en âge,
Aux peuples opprimés procurer des soldats ;

Et l'histoire dira : Monarque sans courage,
Il ordonna le feu !... mais on ne le vit pas !...
 Ils diront : La France s'éveille,
Le moment est passé de lui donner des fers ;
Ses bataillons encor dompteraient l'univers :
Rois, demandez aux dieux que la France sommeille.

Eugène de Ménorval.

TOUT IRA BIEN POURVU QUE.....

Air du premier pas.

Tout ira bien pour notre jeune France :
N'avons-nous pas un prince-citoyen ?
Pourvu qu'on chasse à jamais l'ignorance,
Les préjugés, l'orgueil, l'intolérance,
  Tout ira bien.

Tout ira bien : du moins on nous l'assure ;
De tout changer n'a-t-on pas le moyen ?
Pourvu qu'un jour sans pitié l'on rature
Les noms tarés dans la magistrature,
  Tout ira bien.

Tout ira bien : de tout dire empressée,
La presse encor sera notre soutien.
Pourvu qu'enfin l'on ôte à la pensée
Le double impôt dont elle est oppressée,
  Tout ira bien.

Tout ira bien au gré de la patrie.
— Pourtant, du fisc on ne retranche rien ;
Des arts rivaux la couronne est flétrie...
Au monopole arrachons l'industrie :
    Tout ira bien.

Tout ira bien : la loi du sacrilége
Du fanatisme a perdu le soutien.
Qu'aucune loi désormais ne protége
L'hérédité, les noms, le privilége...
    Tout ira bien.

Tout ira bien : libres de toute chaîne,
D'un vil censeur repoussons le maintien ;
Parlons sans crainte, et livrons sur la scène
Sots et méchans au mépris, à la haine :
    Tout ira bien.

Tout ira bien ! — Mais, pour rentrer en grâce,
Plus d'un Tartufe a fait l'homme de bien ;
Plus d'un poltron d'un héros prend la place...
Si l'on parvient à balayer nace,
    Tout ira bien.

                             Nexte   AMARQUE.

L'AURORE DE LA LIBERTÉ,

*Air de Préville et Taconnet,
ou A soixante ans il ne faut pas remettre.*

O ciel ! vengeur du honteux esclavage,
Reçois les chants des Français rajeunis.
Trois fois salut ! berceau d'un nouvel âge !
Tous les partis sont à jamais unis.   (*bis*)
Temps fortuné qu'un demi-siècle implore,
Porte tes fruits à la postérité.   (*bis*)
De nos beaux jours voici naître l'aurore !
France, souris : voici la liberté !   (*bis*)

Le despotisme a trop souillé la France,
Et son délire est partout en horreur.
Des justes lois le règne enfin commence.
La seule chaîne est celle de l'honneur.   (*bis*)
Vouons un culte au drapeau tricolore ;
C'est l'arc-en-ciel qui sur nous a flotté.   (*bis*)
De nos beaux jours, etc.

Nos droits alors sont un noble héritage,
Par nous acquis dans ces jours triomphans ;
Vierges toujours, ils iront d'âge en âge
De l'avenir assurer nos enfans.   (*bis*)
De la grandeur le germe vient d'éclore,

Et poussera sur un sol enchanté. (bis)
De nos beaux jours, etc.

Une autre gloire, amis, nous environne :
Pour la vertu cultivons les lauriers ;
Pour le savoir réservons la couronne,
Qui ne ceignait que le front des guerriers. (bis)
Les dieux voudront qu'à présent on adore
Le nom français de tout temps respecté. (bis)
De nos beaux jours, etc.

Aux champs lointains si la discorde gronde,
Et veut encore effrayer l'univers,
La France libre, en éclairant le monde,
De tous les serfs ira briser les fers. (bis)
Déjà cent fois, et quoique esclave encore,
Ses vœux, son or, oui, tout elle a prêté. (bis)
De nos beaux jours, etc.

Des souverains D'Orléans vrai modèle
Sera nommé premier roi-citoyen,
Il ne voulait, rival de Marc-Aurèle,
Qu'un titre seul : celui d'homme de bien. (bis)
Roi glorieux ! un grand peuple t'honore,
Sur le pavois où ses vœux t'ont porté ! (bis)
De nos beaux jours, etc.

Français ! ce jour de bonheur et de gloire,
Qu'ont appelé tant d'efforts généreux,
D'un vif éclat brillera dans l'histoire,
Et dans mille ans surprendra nos neveux. (bis)

De ce temps-là, sur la lyre sonore,
J'entends une hymne à la divinité. (*bis*)
De nos beaux jours, voici naître l'aurore!
France, souris; voici la liberté! (*bis*)

ED. VACHER.

PRIONS POUR EUX !

Air : *Petit billet messager du désir.*

Prions pour eux! sur leurs simples tombeaux,
Pleurons, amis, en leur rendant hommage;
La liberté, par leur mâle courage,
Brille chez nous, riche d'attraits nouveaux.
Ils ont vaincu la puissance et la rage
Des ennemis de nos droits glorieux;
De la patrie ils ont vengé l'outrage,
     Prions pour eux! (*bis*)

Prions pour eux! et prodiguons nos soins
A leurs enfans, à leurs tristes compagnes;
Secondez-nous, habitans des campagnes,
Pour prévenir tous leurs pressans besoins.
Il se pourrait qu'en calmant leur misère,
Nous leur rendions un peu moins douloureux
Le souvenir d'un époux où d'un père!
     Prions pour eux!

Prions pour eux ! l'univers étonné
En ce moment les plaint et les admire.
Eh ! qui pourrait s'empêcher de redire :
Ils méritaient un destin fortuné !
Ils ne sont plus ! mais déjà la victoire,
Qui couronna leurs efforts généreux,
Marque leur place au temple de mémoire,
  Prions pour eux !

JULES THUILLIER.

HYMNE FUNÈBRE.

Trois jours ont fait germer sur le sol de la France,
Des siècles de bonheur, de paix, d'indépendance ;
  Non, rien d'égal sous le soleil,
  Chez les plus grands peuples du monde,
  Où la liberté fut féconde ;
  Jamais de prodige pareil !...

D'autres de ces beaux jours rappelleront la gloire ;
D'un monarque déchu d'autres diront l'histoire ;
  Muse, à toi le luth des douleurs !
  Sous la bannière tricolore,
  Le sang des martyrs fume encore,
  Lavons ce sang avec des pleurs.

Qu'ai-je dit ? Ah ! plutôt conservons-en la trace,
Si jamais un despote exhalait la menace,

Montrons-lui nos pavés sanglans !
Que cette leçon reste empreinte,
O Paris, dans ta grande enceinte
Pour l'effroi de tous les tyrans !...

Jetons, jetons des fleurs et des branches de chêne
Sur les tombeaux sacrés, sur la funèbre arêne,
Où la gloire se mêle au deuil ;
A nos martyrs portons envie,
Car le plus beau jour de leur vie
Est buriné sur le cercueil.

Les tyrans avaient dit : « Vienne le jour du glaive,
» Ces tribuns insolens passeront comme un rêve ;
» Le peuple aux fers tendra ses bras ;
» Et notre garde, souveraine,
» D'un sang impur teindra la Seine
» En foulant Paris sous ses pas... »

Ils avaient dit, croyant parler à des esclaves ;
Mais Paris vit surgir plus de cent mille braves.
Au tocsin de la liberté.
Et contre l'essaim mercenaire
Gronda le foudre populaire,
Vomi par un ciel irrité.

Ah ! qui put rester sourd aux cris de la patrie ?
Qui put craindre la mort quand une cour flétrie
Sonna le funèbre signal ?..
Dans ces trois grands jours de vengeance,
De quel prix était l'existence
Auprès du cercueil triomphal ?..

Le peuple tout entier, ainsi qu'un fleuve immense,
Qui franchissant ses bords, bondit, roule et s'avance,
    S'élança contre les palais ;
    Mais dans cette lutte effrayante,
    La mort jeta sa faux sanglante ;
    Contre nos bataillons épais.

Le sol régénéré fut jonché de victimes ;
Héros de ces grands jours, artisans magnanimes,
    A vous la palme du combat !
    A vous l'auréole de gloire !
    A vous les honneurs de l'histoire !
    A vous le salut de l'état !

Ah ! pleurons des vengeurs, des amis et des frères !
Adoptons leurs enfans, leurs familles entières !
    Citoyens, soyons dignes d'eux !
    Que leurs noms passent d'âge en âge,
    Comme un éternel héritage
    Transmis à nos derniers neveux !...

Oui, j'irai sur le sol qui recouvre leur cendre,
Le front humilié, j'oserai faire entendre
    Des sons de deuil et de regrets.
    Si la douleur encor m'inspire,
    Ému, je suspendrai ma lyre
    Aux jeunes rameaux du cyprès.

Et vous, martyrs aussi de la grande bataille !...
Vous, meurtris par le fer, les balles, la mitraille,
    Qui survivez, mais en lambeaux,

Nous vous offrons pour apanages
De l'or, des lauriers, des hommages,
Et l'ovation des tombeaux.

Panthéon! Panthéon! ouvre tes caveaux sombres!
Nous venons saluer les immortelles ombres
Et de Voltaire et de Rousseau.
Temple des fils de la victoire,
Revêts ta ceinture de gloire,
Ombrage-toi du vieux drapeau!..

Triomphez, vétérans de notre indépendance!
Recevez les honneurs que vous devait la France.
Illustres Ney, Foy, Manuel!
Nous inaugurons vos statues
Sus les images abattues
Du despotisme criminel!

Monarque citoyen, ta couronne de chêne
Est le fruit des travaux de la grande semaine;
Tu n'oublieras pas les vainqueurs.
Élu du peuple, roi qu'on aime,
A toi le sacré diadême!
A toi le vœu de tous les cœurs!...

A. THÉVENOT (de la Creuse).

LES NOUVEAUX ENFANS
DE LA FRANCE.

Air de la Colonne.

Salut! beaux jours, jours sacrés de franchise!
Jours que mes vœux pressaient tant d'accourir!
A votre aspect mon âme s'électrise!
J'avais pourtant prédit cet avenir!   (*bis*)
J'ai souvent dit, plein de cette espérance :
La liberté sortira du cercueil,
    En s'écriant avec orgueil :
    Honneur aux enfans de la France.

Je les ai vus, sans armes et sans guide,
Avec ardeur affronter le trépas.
Malgré le feu, leur cohorte intrépide,
D'un même accord s'élançait aux combats.   (*bis*)
Les assassins, devant tant d'assurance,
Bien qu'un tyran leur soufflât sa fureur,
    Murmuraient au fond de leur cœur :
    Honneur aux enfans de la France!

Peuple héros, tu volais au carnage,
Autour de toi l'on frappait tes amis;
Mais ce seul mot soutenait ton courage :
Voilà du fer dans les rangs ennemis! »   (*bis*)

Soudain ce fer servit à ta vengeance,
Et l'univers, admirant tes vertus,
   Crie à nos tyrans abattus :
   Honneur aux enfans de la France !

Vous le savez, soldats de l'Helvétie,
Nos fils sanglans, déchirés par vos coups,
Quoique vainqueurs, maîtres de votre vie,
Pour vous sauver, étouffaient leur courroux. (*bis*)
Mais, n'écoutant qu'une atroce vaillance,
Vous repoussiez leur bienfaisante main ;
   Ils étaient sourds, vos cœurs d'airain !
   Honneur aux enfans de la France !

Honneur ! honneur ! à ces soldats fidèles,
Qui, détestant des ordres odieux,
Ont mérité des palmes éternelles,
En refusant de servir de faux dieux.   (*bis*)
« Au loin cet or... gardons notre indigence.
» Quel sang, grand-Dieu ! nous dit-on de verser !...
» Honte, infamie à qui peut balancer !... »
   Honneur aux enfans de la France !

Pour rendre hommage aux cendres de nos frères,
Sur leurs tombeaux, honorés en autels,
Que la patrie aux lauriers funéraires
Joigne ces mots à jamais immortels :   (*bis*)
« Pour témoigner de ma reconnaissance,
» Je dis leurs noms à la postérité.
   » Ils sont morts pour la liberté !
   » Honneur aux enfans de la France ! »

THIÉBAUT.

LE SERMENT,

Chant patriotique dédié à la Garde nationale de Chartres.

Air : *Sous des lauriers que Bacchus a d'attraits.*

La liberté sous nos tentes revient.
Chantons, fils des Francs, ses palmes immortelles ;
   Armons-nous, jurons son maintien !   (*bis*)
  Jurons, jurons, jurons d'être fidèles
   Aux lois du sceptre-citoyen !   (*bis*)

  Des tyrans l'implacable haine
  Prend pour complices nos lauriers.
  Français, de la plage africaine,
  Que vous apportent leurs voiliers ?
L'or pour nos oppresseurs, pour nous l'ignoble chaîne.
  La liberté, etc.

  A ramper va-t-il se résoudre,
  Ce peuple fier, au front géant ?
  Non !... je vois, pour les mettre en poudre,
  O liberté, ton vétéran ;
Le vieux coq des Gaulois s'arme encor de la foudre,
  La liberté, etc.

Ces poignards que leurs mains aiguisent
Pour lacérer nos saintes lois,
Paris, sous tes coups ils se brisent ;
Le trône écroule sur les rois :
Les peuples réveillés avec nous fraternisent.
 La liberté, etc.

L'étendard qui sur notre tête
Dressa quinze ans son fol orgueil,
Pour ensevelir leur défaite
S'est abattu comme un linceul.
Son lis conjure en vain l'héroïque tempête.
 La liberté, etc.

Dans ton sein un cœur français vibre ;
Jemmape atteste tes exploits,
D'Orléans, maintiens l'équilibre
Dans la balance de nos droits.
Le pavois te proclame, ô roi d'un peuple libre.
 La liberté, etc.

A vous éternelle mémoire,
Jours de vengeance et de réveil,
Où, pour mieux guider la victoire,
Trois fois un immense soleil
Refléta nos drapeaux comme un prisme de gloire !
 La liberté, etc.

Salut, ô civique hécatombe !...
Chantons ces mânes glorieux ;
Au martyr-citoyen qui tombe,
A sa grande âme ouvrons les cieux !
Que l'immortalité s'arrête sur sa tombe !

La liberté sous nos tentes revient;
Chantons, fils des Francs, ses palmes immortelles;
 Armons-nous, jurons son maintien!   (*bis*)
Jurons, jurons, jurons d'être fidèles
 Aux lois du sceptre-citoyen!   (*bis*)

     RENAULT.

LE JOUR DE DÉLIVRANCE.

Bénissons, célébrons ce jour de délivrance,
 Philippe a reçu notre foi :
 S'il règne aujourd'hui sur la France,
C'est par nous, c'est pour nous qu'il est roi.

 Brûlant de l'amour du pays,
 A peine en son adolescence,
 Contre nos nombreux ennemis
 Avec quelle ardeur il s'élance !
 Drapeau, long-temps mis en oubli,
 Signal d'honneur et de victoire,
 Et de Jemmape et de Valmi
 Tu le vis partager la gloire.
Fils de Mars, célébrez ce jour de délivrance,
 Philippe a reçu votre foi :
 S'il règne aujourd'hui sur la France,
C'est par vous, c'est pour vous qu'il est roi.

Hélas! au milieu des succès,
Une coupable résistance
Amène d'aveugles excès,
Il gémit et quitte la France :
« Mais plutôt que sur mon berceau,
» Dit-il, je lève un bras rebelle,
» Je saurai vivre du marteau,
» De l'enclume, ou de la truelle.
Artisans, célébrez ce jour de délivrance,
Philippe a reçu votre foi :
S'il règne aujourd'hui sur la France,
C'est par vous, c'est pour vous qu'il est roi.

Mais un parfum de liberté
Guide ses pas vers l'Helvétie;
Heureux d'une hospitalité
Qui ne peut nuire à sa patrie,
Il laisse à l'aumône, aux complots,
Nourrir une indigne espérance;
Son luth, son compas, ses pinceaux,
Protégent seuls son existence.
Artistes, célébrez ce jour de délivrance,
Philippe a reçu votre foi :
S'il règne aujourd'hui sur la France,
C'est par vous, c'est pour vous qu'il est roi.

Enfin, parmi vous revenu,
Ennemi d'un faste inutile,
Au commerce vous l'avez vu
Ouvrir un magnifique asile;
Surtout, ami des citoyens,
Vous l'avez vu, bravant le blâme,
Avec vos fils mêler les siens,
Et comme vous aimer sa femme,

Citoyens, célébrez ce jour de délivrance,
    Philippe a reçu notre foi :
  S'il règne aujourd'hui sur la France,
C'est par vous, c'est pour vous qu'il est roi.

VIAL.

C'EST UNE HORREUR !

Air : Ça va bon train.

Eh ben ! cadet, quoi donc qu' tu penses,
Devant l' mur te v'là tout pensif ;
En regardant ces ordonnances,
Tu pousses un accent plaintif.
— Voilà, Jérôme, c' qui m' chagrine :
C'est qu'un roi stupide et chasseur
Voudrait causer notre ruine :
    C'est une horreur.

Autour de nous l' canon résonne,
Allons, cadet, y faut s' montrer,
L'occasion me paraît bonne,
Combattons sans désemparer ;
La garde, montrant son audace,
Croit nous vaincre par la terreur ;
Tiens, grossissons la populace :
    C'est une horreur.

Je suis assez bon catholique,
Mais je hais ces hommes cafards,
Dont la figure est diabolique,
Qui marchent armés de poignards.
Faudrait de ces apologistes
Exterminer le protecteur:
Car sout'nir les congréganistes,
    C'est une horrreur.

Je veux employer ma cartouche
Contre ces fiers Helvétiens;
Déjà dans plus d'une escarmouche
J'ai secondé nos citoyens.
Regard', ces vieilles cicatrices
Prouveront toujours ma valeur.
Vers nous se dirigent les Suisses,
    C'est une horreur.

J'aim' le monarqu' dont la clémence
L' fait chérir de tous ses sujets;
J' blâm' celui qui par malveillance
Veut accomplir tous ses projets.
Entends-tu.... c'est l' bronz' des batailles,
Honte au roi prévaricateur,
Qui fait tirer sur nos murailles!
    C'est une horreur.

FOLIGUET.

LA QUÊTE.

Air du Bon Pasteur.

Donnez: enfans de la France,
Offrons un noble tribut
A ceux de qui la vaillance
Nous donna paix et salut.
Béni soit le nom des braves!
La tyrannie en courroux
Chargeait de fers nos mains esclaves;
Donnez: ils s'armèrent pour vous. (*bis*)

Donnez: leur patriotisme
Fut grand devant les canons
Avec qui le despotisme
Trois jours mitrailla leurs fronts.
Sur eux mugissait la foudre;
Déchirés, ils tombaient tous;
Se levant, beaux de sang, de poudre,
Donnez: ils se battaient pour vous. (*bis*)

Donnez: enfans des chaumières,
Vous, artisans des cités;
Il est plus d'un de vos frères
Sauveur de nos libertés;

Et plus d'un, que rien n'effraie
Sous le fer levé sur nous,
Tombe avec une large plaie.
Donnez : il est tombé pour vous.   (*bis*)

Donnez : toi, belle jeunesse,
Sois prompte à trouver un don
Pour tes amis de Lutèce
Immortalisant leur nom :
Tout jeunes par leurs années,
L'ont-ils été par leurs coups ?
En enviant leurs destinées,
Donnez : ils ont brillé pour vous.   (*bis*)

Donnez : femmes, que vos âmes
Prennent part à nos élans ;
La gloire et ses nobles flammes
Plaisent à vos cœurs brûlans,
On dit que dans le carnage
Plus d'une avec les époux
A rivalisé de courage.
Donnez : femmes, honneur à vous!   (*bis*)

Donnez : pauvre, ton obole;
Toi, riche, ta pièce d'or;
Toi, poëte, ta parole;
Joins-y ton obole encor :
Que n'as-tu richesse immense!
Leur sort en serait plus doux.

Accourez tous, fils de la France,
Donnez : ils ont vaincu pour vous.   *(bis)*

Donnez : non plus les richesses ;
Pauvre, assez de ton denier ;
Riche, finis tes largesses ;
Poëte, prends un laurier.
Ce grand cercueil nous réclame ;
Ici, Français, pleurons tous,
Soupirons du fond de notre âme
Sur tous ces braves morts pour nous. *(bis)*

NÉÈRE.

LA REVUE DU 29 AOUT 1830.

Air : *Balayons, dans mon entreprise.*

Quel beau jour !
Le tambour
Bat dans chaque rue ;
Et de toutes parts
Chacun se rend au Champ-de-Mars ;
Dépêchons,
Et courons
Passer la revue ;
Amis, cette fois
C'est par un roi de notre choix.

Comme au temps de notre gloire,
Reformons nos légions;
Les couleurs de la victoire
Brillent dans nos bataillons.
Le rappel bat, quelle fête!
En avant, marchons au pas,
 Car pour nous la retraite
 Demain ne battra pas.
  Quel beau jour! etc.

Naguère un vieux roi parjure,
Qui se riait des sermens,
A, sans mesurer l'injure,
Tout à coup rompu nos rangs.
Mais rendons grâce à sa haine
Qui voulait nous garrotter:
 Plus pesante est la chaîne,
 Moins on peut la porter.
  Quel beau jour, etc.

Voyez-vous à notre tête
Ce héros aux cheveux blancs?
C'est l'illustre Lafayette,
Qui vient commander nos rangs.
A son aspect quel délire!
Et toujours, lorsqu'il paraît,
 La tyrannie expire,
 La liberté renaît.
  Quel beau jour, etc.

Livrons-nous à l'espérance,
Pour être heureux désormais,
Amis, plus de rois de France,
Vive le roi des Français !
Des lois ce noble interprète
En vain ne nous promet pas,
 Car j'ai vu Lafayette
 Le presser dans ses bras.
  Quel beau jour !
  Le tambour
 Bat dans chaque rue ;
 Et de toutes parts
Chacun se rend au Champ-de-Mars ;
  Dépêchons,
  Et courons
 Passer la revue ;
 Amis, cette fois
C'est par un roi de notre choix.

P. DEHANNE.

AOUT 1830.

Écho du peuple, au loin porte sa gloire,
Fais retentir le bruit de ses exploits,
Au monde entier va conter sa victoire,
Répète-lui qu'il a conquis ses droits.

Hier l'orgueil, armant une ordonnance,
Brisa la Charte, au mépris du serment.
« France, dit-il, à genoux ! tombe, France ! »
Paris se lève, il abat le géant.
  Comme le tonnerre
  Part du haut des airs,
  Tombe sur la terre,
  Résonne aux enfers,
Paris se lève au cri de guerre,
  Brise ses fers.

Morne d'abord, accablé de tristesse,
Et tout à coup terrible, impétueux,
Soudain grandit, rayonne d'allégresse :
Il est vainqueur, et vainqueur généreux !
  Aux sbires du crime
  Ouvrant tendres bras,
  Paris magnanime
  Sauve le trépas :
Bouillant de force, il est victime,
  Et n'en fait pas.

Partout du peuple éclate la clémence :
Grâce ! est le cri mille fois entendu ;
Grâce ! est le cri, le seul cri de vengeance !
Partout du peuple éclate la vertu.
  Guidant son courage
  A travers le carnage,

   Il entre à flots
   Aux palais jumeaux;
   Venge-t-il l'outrage?
   Est-il plein de rage?
Il foule aux pieds l'image des bourreaux,
   Met la pourpre en lambeaux;
   Monté sur le trône,
   Il l'abandonne;
Et toujours grandissant, ce peuple qui raisonne
  Grandit encor, reprenant ses travaux!

   Soudain la victoire,
   Cent mille ouvriers,
   Haletant de gloire,
   A leurs ateliers
Vont comme au temple de mémoire,
   Ceints de lauriers!

O Liberté! voici ta fête!
Contemple tes nombreux enfans!
Salut! immortel Lafayette!
Salut! vous tous de tous les rangs,
Femmes, vieillards, bourgeois, ouvriers, artisans!
Salut! bon citoyen, Philippe d'Orléans!
Salut, peuple! salut! jouis de ta conquête.

Paix! dit ce peuple avec solennité,
  Martyrs de la liberté,

Vous n'êtes plus ! — Ils sont à toute éternité !
— Ils ne sont plus pour moi ! Gloire ! brille de
  Brille, resplendis d'attraits ! [charmes,
Ils ne sont plus !... je concentre mes larmes....
Je soupire, soupire, et ne pleure jamais,

 Il est passé le règne despotique!
 Il passerait, qui suivrait ses excès ?
 Nous saluons le pouvoir monarchique:
 Peuples et rois, connaissez les Français!

 Naguère, au temps de l'infamie ;
Un grand corps fut dissous; il a repris la vie
A la voix du péril, Si la France, en émoi,
Un jour faisait encor retentir le béfroi,
  Si l'Europe en furie
  Approchait ma patrie,
  Tremblez, fils de Loyola !
  Le grand corps est là,
   Toujours là.

 Peuples! l'union fait la force :
 Restons unis, restons unis !
 Repoussons vénimeuse amorce,
 Désespérons nos ennemis.

Il est tombé l'odieux ministère :
En vain cette hydre a vomi noir venin ;

Le nom français enorgueillit la terre,
Triomphe encor, fidèle à son destin.
>   Voyez la Belgique;
>   Malgré ses revers,
>   D'un ton énergique
>   Chasser les pervers,
Sourire à l'aube politique,
>   Frapper des fers.

>   Voyez l'Angleterre,
>   Cent pays divers,
>   L'un l'autre hémisphère,
>   Unir leurs concerts,
Sourire à l'aube de notre ère,
>   Frapper leurs fers.

>   En vain l'arbitraire,
>   Vieux, chargé d'hivers,
>   Rugit de colère:
>   Les yeux sont ouverts;
Enfin chaque peuple s'éclaire,
>   Frappe ses fers.

>   Puisse un jour prospère
>   Aux plus vastes déserts,

Aux monts, sur les mers,
Jusqu'au dernier coin de terre,
De Thémis porter la lumière,
Des peuples briser les fers.

H. GRAND.

LES FACES DE 1830.

Air de la petite sœur.

Foulés par l'esprit du pouvoir,
Qui pour nous ourdissait le crime,   (*bis*)
Nous faillîmes presque nous voir
Reculés vers l'ancien régime;   (*bis*)
Mais soudain au bruit des tambours,
L'on vit marcher le peuple en masse;
C'est étonnant comme en trois jours
Le pouvoir a changé de face.

Flatteurs, qui pour vous élever,
Baisiez les pas d'un roi parjure,   (*bis*)
Lui promettant de tout braver
Si l'on osait lui faire injure;   (*bis*)

Nobles qui vouliez vous venger :
Qu'avez-vous fait de votre audace?
Au premier signe de danger,
Vous avez tous changé de face.

Salut, divine Liberté.
Premier besoin de l'existence (bis)
Nous avons tous avec fierté
Reconquis notre indépendance ; (bis)
Nos enfans n'auront désormais
A souffrir aucune menace,
Car du gouvernement français
Nous avons retourné la face.

Comment aurions-nous pu fléchir
En présence des armes suisses, (bis)
Nous avions, pour nous affranchir,
Repris nos couleurs protectrices ; (bis)
Devant le bronze helvétien,
Nous n'avons pas quitté la place,
Hardiment chaque citoyen
Devant eux a fait volte-face.

Il reste encor sur notre argent
La tête de la république, (bis)
Nous avons fait plus vivement
Triompher la cause publique ; (bis)

Puisque remplaçant les Bourbons,
De rois commence une autre race,
Comme le règne nous voulons
Que nos pièces changent de face.

Victor Pépin.

LE PANTHÉON.

AUX GRANDS HOMMES LA PATRIE RECONNAIS-
SANTE.

Si ma main pouvait sur la lyre
Faire vibrer de doux accords,
Et qu'on permît à mon délire
D'interroger l'ombre des morts,
Du cercueil soulevant la pierre,
J'irais ranimer la poussière
Des citoyens que nous pleurons.
Leur front orné d'une couronne
Brillerait de l'éclat que donne
Le plus céleste des rayons.

Désormais l'aile de l'envie,
Que déploie un vil détracteur,

Ne pourra plus voiler leur vie,
Qui toujours combattit l'erreur.
Ce siècle, témoin de leur gloire,
Ouvre le temple de mémoire
Au cortége de leurs vertus.
Comme jadis au Capitole,
Le peuple un moment se console
En contemplant ses deux Brutus.

Ce n'est plus le vice qu'on fête
Dans la personne d'un Néron;
C'est un laurier mis sur la tête
D'un Décius, ou d'un Caton.
Eloignez vos races impures,
Qui ne vivez que de parjures,
Vous n'avez plus de piédestal.
Tout ce peuple qui vous accuse
A vu les cheveux de Méduse
Suivre votre char triomphal.

De l'enfer le sombre génie
Avait soufflé dans votre cœur
La discorde et la tyrannie,
Filles fidèles de l'erreur.
Le dieu trompeur de la sibylle
Vous annonçait comme facile
Le vœu d'un désir insensé,

Et le trône, faible édifice,
S'écroule, offert en sacrifice
Au sang que vous avez versé.

Le Français chez qui la victoire
Avait fixé son étendard,
Déjà n'avait plus pour la gloire
Que le souvenir d'un vieillard.
C'était du moins votre pensée,
Mais la France s'était lancée,
Et la foudre suivit l'éclair.
Votre espérance fut trompée,
Vous vîtes la sanglante épée
Réfléchir la mort sur son fer.

Que ce grand jour de nos conquêtes
A tout jamais reste immortel !
Qu'il serve de date à des fêtes,
La liberté monte à l'autel.
Peuples, son culte est légitime,
Jamais le sang d'une victime
N'a souillé sa féconde main;
Elle ne s'arme du tonnerre,
Que pour exiler de la terre
Les oppresseurs du genre humain.

Quoiqu'on imposât le silence,
Elle épanchait sur le cercueil

La douceur de son éloquence,
Ainsi que les pleurs de son deuil.
Dans sa parole prophétique,
Je comprenais cet hymne antique
Dont le chant fit trembler les rois.
Debout sur la double colline,
Il me semblait voir Mnémosyne
Répéter l'écho de sa voix.

L'abîme creusé sous la France
A fermé ses gouffres profonds.
Une équitable providence
Chasse les aînés des Bourbons.
Assis sur l'or et sur la soie,
Ils croyaient dans leur folle joie
Les crimes toujours impunis.
Qu'ils laissent de vaines chimères,
Ils ne rejoindront pas leurs pères
Dans le tombeau de Saint-Denis.

Levez-vous sur vos mausolées,
Soutiens d'un peuple généreux ;
Que vos ombres soient consolées,
Nous avons exaucé vos vœux.
Vous étiez nos vrais interprètes ;
Vous parliez comme les prophètes
Qu'inspirait le dieu d'Israël.
Votre voix ne s'est pas perdue,

Et la vengeance est descendue,
Comme un ordre sacré du ciel.

En gémissant de l'agonie
D'un peuple sur son lit de mort,
De l'odieuse tyrannie,
Vous brisâtes plus d'un ressort.
Déjà les préjugés sans nombre
Avaient disparu comme l'ombre,
Qui fuit quand paraît le soleil,
Un vif éclat de la lumière
Se glissa sous notre paupière
Et préluda notre réveil,

Ceux qui, placés autour du trône,
En avaient compté les degrés,
S'efforçaient sur votre personne
D'appeler les foudres sacrés,
Mais ce glorieux anathème,
Etait pour vous un diadème
Aux regards d'un ciel protecteur,
Et ces monstres de perfidie
Prêchaient en vain un incendie
Qui n'existait que dans leur cœur,

Jamais une auguste prière
N'a demandé des jours de paix,
Satan même dans une chaire

N'eût pas vomi de tels souhaits.
« Envoyez-nous de saints exemples ;
» Dieu, disaient-ils, lavez vos temples
» Du sang coupable des pécheurs. »
On préparait le sacrifice,
Mais la raison a fait justice
De tous ces vils profanateurs.

Sors de la tombe de Scellières[*],
Toi qui mis sous notre regard
L'odieux fanatisme en prières
Sur le sang qui teint un poignard.
Le premier tu parlais au monde
De cette sagesse féconde
Dans les résultats glorieux.
Tu disais: celui qui s'illustre
Devient grand homme, sans qu'un lustre
Lui soit légué par ses aïeux.

Manuel, homme magnanime,
Après la mort même proscrit,
Ton nom désignant la victime,
Sous le sceau du meurtre est écrit.
La puissance de ta parole
Ebranla vivement l'idole
Qu'on élève aux rois absolus.

[*] Voltaire.

Chaque jour ton ardent courage
Se hâtait de tracer la page
Qui devait dire : ils ne sont plus.

Foy, quand on parle à la patrie,
Elle répond par mille échos.
Que la Marseillaise chérie,
Vous réveillent dans vos tombeaux ;
Vous redirez ce cri de gloire,
Qui conduisait à la victoire
Les bienfaiteurs de l'univers,
Quand l'étranger sous ses murailles,
Vous vit, arbitres des batailles,
Donner des lois, et non des fers.

Ton nom, que le présent console
Des injustices du passé,
Est ceint d'une double auréole
Et dans l'histoire s'est placé.
Cette voix que ton cœur dirige,
Reste encore comme un prodige
Qui conserve tout son éclat.
Et l'éloquence de Tyrtée,
Ne fut jamais plus écoutée
La veille d'un jour de combat.

Toi qui fus l'honneur de la France,
Lève-toi, cadavre sanglant,

Pour prix de vingt ans de vaillance,
A Paris le trépas t'attend.
De nos tyrans l'ordre barbare
Du sang français n'est point avare ;
Reçois la palme du martyr,
Ney, tu trouves sous une pierre
Quelques jours de moins sur la terre,
L'éternité dans l'avenir.

Ainsi sur le torrent des âges,
Vous apparaîtrez, immortels :
Le tonnerre ni les orages
Ne pourront briser vos autels.
Notre France reconnaissante
Ne sera point indifférente
Pour les talens et la vertu.
Déjà Lutèce voit renaître
Ce temple qu'un odieux maître
Avait dès long-temps méconnu.

Apparaissez, ombres antiques,
Suivez ce cortége pieux,
Contemplez les larmes civiques,
Source bien pleine dans nos yeux ;
Dites si la célèbre Athènes
A la tombe de Démosthènes
Offrait de si touchans regrets,

Sachant leur présence immortelle,
Sur ce nom qui nous les rappelle,
Jetons des fleurs et des cyprès.

Et toi, moderne Capitole,
Qui reprends tes antiques droits,
Laisse tomber de ta coupole
Ces visages blêmes de rois.
Le regard indigné découvre
Assez de leurs traces au Louvre,
Où les vainquit la liberté.
N'attends pas qu'une juste plainte
Prenne la voix dans ton enceinte
Du fond d'un cercueil irrité.

Bénissons le monarque auguste
Qui s'honore d'être Français ;
Il n'est roi que pour être juste,
Son sceptre annonce des bienfaits.
Si du trône abaissant le faîte,
Le peuple a placé sur sa tête
Le diadème des vieux rois,
La déesse de la justice
Ne verra plus un vain caprice,
Rompre l'équilibre des lois.

AUGUSTE DUTOUR.

LES TACHES,

ou

LE DÉGRAISSEUR.

—

Air : *Vaillans soldats nés d'obscurs laboureurs.*

Je suis, messieurs, habile dégraisseur,
Et puis ici vous en donner des preuves.
Tache de graisse et tache de liqueur
Ne sont pour moi que de faibles épreuves.
 Mais je vois venir pas à pas
Roi jésuitique et ministres ganaches,
 Hommes d'état, gens à rabats,
 Qui vous ternissez ici bas :
 Je ne puis enlever vos taches.

Toi qui guidas le massacre à Paris,
Tu ne crains pas ici de reparaître ?
Rappelle-toi, pour la cause des lis,
Que tu vendis l'aigle qui fut ton maître.
 Si je pouvais, dans ma fureur

Ta tête ici tomberait sous la hache.
 Ton front gardera sa rougeur :
 Car, lorsque l'on trahit l'honneur,
 On ne peut en laver la tache.

Qui vois-je encor venir auprès de moi ?
N'approche pas ! Va ! je connais ton crime.
Quoi ! tu voulais alors, ombre d'un roi,
Ravir au peuple un droit si légitime.
 Mais ce peuple s'est réveillé,
Comme un lion du sommeil qu'on arrache ;
 A l'instant tu fus dépouillé.
 Car, sitôt qu'un trône est souillé,
 On ne peut en laver la tache.

Prêtre odieux, sous ce déguisement
Oses-tu bien nous exciter encore ?
Penses-tu donc par un soulèvement
Anéantir le drapeau tricolore ?
 Par cette coalition,
Espères-tu revoir le blanc panache ?
 Mais, découvert, la nation
 Connaît ta réputation ;
 Car ta tonsure en est la tache.

Auprès de moi je ne vois pas venir
Ces vieux guerriers d'Esling, des Pyramides,

Dans les trois jours on les a vu s'unir
A leurs enfans, citoyens intrépides.
 A ces souvenirs glorieux,
Regardez-les relever leurs moustaches;
 Et de leur sang si précieux
 Sur leurs vieux uniformes bleus
 Ils sont fiers de garder les taches.

Ch. Foliguet.

LA CHARTRAINE.

Nobles drapeaux, flottez, vengeurs de la patrie !
Un roi parjure osa rêver la tyrannie :
Sous vos couleurs Paris s'élance, et crie encor :
  Bravons l'orage ;
  Point d'esclavage ;   (*bis*)
  Plutôt la mort !   (vage! (*bis*)
Courons au feu! (*bis*) plutôt la mort que l'escla-

 Elle conquit sa couronne immortelle,
La fille de Bailly, la mère des bras nus,
 Quand Lafayette arbora devant elle,

Comme un vieil étendard, soixante ans de vertus;
    Soixante ans de vertus;
Nobles drapeaux, etc.

Plus de tyrans.... La France est libre et fière;
Dans le temple des lois rentre l'égalité;
    La France appelle au trône populaire
Un Prince, enfant des camps et de la liberté,
    Et de la liberté.
Nobles drapeaux, etc.

Jenne, à ta gloire il a mêlé la sienne;
Chartres; de tes enfans il fut le compagnon;
    Il commanda ta garde citoyenne;
La victoire à Valmy l'adopta sous ton nom;
    L'adopta sous ton nom.
Nobles drapeaux, etc.

D'un saint amour l'invincible franchise
Assure au peuple, au trône un mutuel soutien;
    Au Champ-de-Mars le sceptre fraternise
Avec le vieux mousquet du soldat-citoyen,
    Du soldat-citoyen.
Nobles drapeaux, etc.

Si la discorde osait sur la frontière
D'un étendard proscrit agiter le lambeau;
    Qui conduirait ta civique bannière?

O Chartre, ô mon pays! c'est l'âme de Marceau,
>C'est l'âme de Marceau!
Nobles drapeaux, etc.

Rallions-nous, enfans de la patrie,
Sous l'étendard sacré, si cher aux vieux guerriers!
>Il put tomber :... la France était trahie....
S'il se courba jamais, ce fut sous des lauriers,
>Ce fut sous des lauriers!
Nobles drapeaux, etc.

Nobles drapeaux, flottez, vengeurs de la patrie!
Un roi parjure osa rêver la tyrannie :
Sous vos couleurs Paris s'élance, et crie encor:
>Bravons l'orage;
>Point d'esclavage;   (bis)
>Plutôt la mort!   (vage! (bis)
Courons au feu! (bis) plutôt la mort que l'escla-

RENAULT.

LES BALLES.

Air de la petite Sœur.

Mon maître me dit un matin :
« Je ferme mon imprimerie ; (*bis*)
» Une ordonnance de Mangin
» Met sur pied la gendarmerie. » (*bis*)
En sortant, mon cœur ressentit
Une fureur que rien n'égale.
Soudain un coup de feu partit,
J'entendis siffler une balle. (*bis*)

En désertant leurs ateliers,
Animés du même courage, (*bis*)
L'on a vu tous les ouvriers
S'unir pour venger cet outrage. (*bis*)
Partout on sonna le tocsin,
Et l'on battit la générale ;
Faute d'armes, sur le terrain
Un pavé valut une balle. (*bis*)

Chacun courait en furieux,
Et, s'arrêtant à chaque place, (bis)
Restait en homme courageux
Pour augmenter la populace. (bis)
Aux gens riches ils criaient tous :
« Pour vaincre les troupes royales,
» Ah ! de grâce, délivrez-nous
» Un peu de poudre avec des balles. » (bis)

Dès ce moment on établit
Un gouvernement provisoire; (bis)
La force des Bourbons faiblit;
Et bientôt on cria : Victoire ! (bis)
Quoi ! monarque bête et têtu,
Quand tu commandais dans tes salles,
Par ton pouvoir espérais-tu
Soumettre un peuple avec des balles ? (bis)

Vous avez pu, lâches soldats,
Suivre son ordre sanguinaire ! (bis)
Dans ce peuple atteint du trépas,
Peut-être vous aviez un père. (bis)
Quand vous vites qu'à notre effort
Vos armes n'étaient plus égales,
C'est donc pour nous donner la mort
Que vous avez mordu vos balles ? (bis)

Tous les Bruxellois malheureux
Aujourd'hui relèvent la tête ;   (*bis*)
Car ils ont retrouvé chez eux
Un brave, un nouveau Lafayette.   (*bis*)
Le sang ne cesse de couler ;
Si leurs forces sont inégales,
En Belgique je veux aller
Avec de la poudre et des balles.   (*bis*)

Ch. Foliguet.

HISTOIRE DES TROIS JOURS.

« France, la loi n'est plus ! obéis à tes maîtres,
» Courbe ton front flétri sous la verge des prêtres.
» Les poignards sont levés, et les cachots ouverts.
» De tes plus nobles fils on désigne la tombe ;
» Enfin tout est muet !.... La liberté succombe,
    » Et disparaît de l'univers. »

Ainsi, dans son orgueil, un roi faible et parjure
Prodiguait à la fois la menace et l'injure
A ce peuple si grand, qu'il ne comprit jamais.

Et de lâches flatteurs, amis de la puissance,
Lui disaient : « Osez tout, sire ; frappez la France :
» Dieu le veut, ce sont ses décrets ! »

Quels sont ces cris confus?... O prodige ! ô merveille !
Liberté ! liberté !... Le peuple se réveille ;
Il s'émeut, il se lève, et s'avance en fureur.
« Ah ! suspendez vos coups, soldats ! ce sont vos frères,
» Des femmes ! des enfans !.... Séides mercenaires,
» Arrêtez ! au nom de l'honneur ! »

Mais ils n'écoutent rien. Le bronze des batailles
Prodigue dans Paris de nobles funérailles.
Déjà la liberté voit tomber ses martyrs.
« Aux armes, citoyens ! Tout sert à la vengeance ;
» Des poutres ! des pavés !... Amis, sauvons la France ;
» Donnons-lui nos derniers soupirs ! »

On s'élance. Un drapeau vieux, noirci par la poudre,
L'étendard de Fleurus brille comme la foudre ;
Des héros citoyens il ranime les cœurs.
Sous ses nobles lambeaux, présage de la gloire,
Ils se rangent, certains de trouver la victoire,
       Toujours fidèle aux trois couleurs.

On lutte corps à corps ; on recule, on avance ;
Le courage partout s'allie à la prudence ;

Des généraux d'un jour se montrent vieux soldats ;
Un lugubre tocsin dans la cité résonne ;
Sur de sanglans débris, on court.... Le canon tonne,
    Et sème un glorieux trépas.

Ils reculent enfin, ou mordent la poussière ;
Tous ces prétoriens dont la ligue était fière.
Mais ils frappent encor dans ce désordre affreux.
Sous le fer assassin, des femmes expirantes,
Des vieillards massacrés, des ruines fumantes,
    D'un roi sont les derniers adieux.

Victoire ! C'en est fait, la tyrannie expire ;
Elle s'agite en vain dans un triste délire :
Son trône renversé s'écroule avec fracas.
Vers un nouvel exil le roi banni s'avance,
Et du peuple indigné l'énergique silence
    Partout accompagne ses pas.

C'est ainsi que se venge un peuple magnanime ;
Pure de tout excès, sa victoire est sublime.
L'austère liberté seule anima son cœur ;
Il sait vaincre ou mourir, au nom de la patrie ;
Mais il ne saurait pas, d'une bouche flétrie,
    Mendier l'or ou la faveur.

Honneur, honneur au peuple ! il a sauvé la France ;
Il demande des lois, et proscrit la licence.

Le vainqueur de la veille a repris ses travaux.
Ah ! puisse-t-il enfin sous un roi populaire,
Voir au suprême rang, un citoyen, un père,
    Le premier parmi ses égaux.

Inclinons nos drapeaux sur ces tombes nouvelles,
Ornons-les de lauriers, des palmes les plus belles.
Là sont de nos héros les restes glorieux !
L'univers étonné les pleure et les admire.
Morts pour la liberté !!..... Quel bonheur ! ô délire !
    O liberté, fille des cieux !!

OLIVIER LE GALL.

LIBERTÉ ! LIBERTÉ !

Liberté ! liberté ! besoin des grandes âmes,
Mot puissant, solennel, qui fait tant de vainqueurs,
Liberté toujours chère ! à tes célestes flammes,
Puisons ce feu sacré qui retrempe les cœurs.

En vain, de s'opposer à ta marche puissante
Un ministère impie eut l'insolent espoir ;

Sur un trône écroulé tu reparus sanglante,
Foulant d'un pied superbe un indigne pouvoir!!!...
Et ces puissans du jour, qui brisaient ta bannière,
Qui reniaient ton nom, menaçaient ton autel,
Aujourd'hui dispersés, cachent dans la poussière
Leurs fronts marqués du sceau d'un opprobre éternel!
Liberté ! etc.

L'écharpe tricolore, autrefois triomphante,
Les drapeaux de Fleurus en tes mains ont brillé.
Salut, nobles débris d'une gloire expirante!
Dans l'oubli trop long-temps vous avez sommeillé!
Arrachés à l'exil, secouez la poussière
Qui cachait à nos yeux l'éclat de vos couleurs;
Aux cris de liberté, rentrez dans la carrière
Où toujours on vous vit du côté des vainqueurs.
Liberté ! etc.

Héroïques enfans de l'antique Lutèce,
Dans vos murs glorieux nos droits ont survécu;
Et vous avez brisé les fers qu'en son ivresse
Un pouvoir odieux préparait au vaincu!....
La France, qui vous doit ses belles destinées,
Admire vos exploits, et, dans un noble orgueil,
Recueille les hauts faits de ces grandes journées,
Qui nous ont épargné tant de honte et de deuil.
Liberté ! etc.

Quand l'hydre menaçante apparut à vos portes,
Lafayette aussitôt dans vos rangs s'est montré,
Fier de revoir encor vos puissantes cohortes
Repousser un pouvoir qu'il avait abjuré.
Fils de la liberté !... héros cher au deux mondes !...
Quelle gloire nouvelle entoure tes vieux ans !
Un grand peuple sauvé, sur l'autel que tu fondes,
Porte des fers brisés, et brûle son encens !....
Liberté ! etc.

Et vous qui frémissiez au mot de servitude,
Emules des Drouot, des Barthe, des Larrey !
D'un courage ignoré, dans la paix de l'étude,
Souvent vos jeunes cœurs brûlaient de faire essai.
Mais quoi ?... l'heure a sonné !... Le bronze vous appelle ;
A ce signal de mort, dans une sainte ardeur,
Vous courez au combat.... Le péril vous décèle :
Qui vous cherche, vous trouve au poste de l'honneur.
Liberté ! etc.

Et toi, roi-citoyen, qu'un noble cœur anime,
Tu ne crains pas la gloire et le vain nom d'un mort ;
Tu n'as pas repoussé l'ombre de la victime
Dont les mânes errans ont accusé le sort.
Par ta voix rappelés du perfide rivage,
Les restes sans pouvoir du héros malheureux,

Sous ces bronzes conquis, monumens du courage,
Devront à ta grande âme un tombeau digne d'eux.
Liberté ! etc.

Roi des Français ! ton nom passera d'âge en âge
A la postérité qui juge tous les rois ;
Les siècles rediront qu'à l'heure du naufrage,
Tu vins nous secourir et proclamer nos droits.
Béni soit à jamais le règne qui commence !!!
Et puisse un jour ta race apprendre à nos neveux
Que cette ère nouvelle a passé l'espérance
Qu'ont fait naître en nos cœurs tes sermens généreux !

Liberté ! liberté ! besoin des grandes âmes,
Mot puissant, solennel, qui fait tant de vainqueurs,
Liberté toujours chère ! à tes célestes flammes
Puisons ce feu sacré qui retrempe les cœurs !

GINISTY.

LE CIMETIÈRE DES HÉROS.

Air nouveau.

Héros, par qui notre Charte immortelle
Vient d'obtenir un succès glorieux,
Vous êtes morts en combattant pour elle,
Mais vous vivrez parmi nos demi-dieux!
Dans ces deux jours d'éternelle mémoire,
Quand le tocsin du sol troublait la paix,
Votre sang pur achetait la victoire.
On ne pourra vous oublier jamais!

Un roi méchant voulait des hécatombes,
Et votre sang a rougi son drapeau!
La Liberté, renaissant de vos tombes,
Offre sans tache un étendard nouveau.
Planté par vous sur notre territoire,
On voit flotter le vrai drapeau français:
Ses trois couleurs rappellent votre gloire.
On ne pourra vous oublier jamais!

Le citoyen, l'épouse désolée,
L'ami, l'enfant, une mère, des sœurs,

Viennent pleurer sur votre mausolée
En l'entourant de guirlandes de fleurs.
Si le laurier sied aux fils de la gloire,
Le myrte naît des plus tendres regrets;
Et dans les cœurs autant que dans l'histoire,
On ne pourra vous oublier jamais!

Mais quel bienfait passant notre espérance
Résulte enfin d'un si noble trépas!
Nous respirons l'air libre de la France;
Plus de tyrans pour enchaîner nos pas!
Un prince aimé, dont la douce mémoire
Resta toujours dans le cœur des Français,
Règne par vous!... Mes amis, quelle gloire!
On ne pourra vous oublier jamais!

E. Destouches.

LE COQ.

Air du Magistrat.

Voyant sa noblesse proscrite,
Un vétéran de nos hameaux,
Un coq enfin, quittant son gîte,
Exhalait sa plainte en ces mots:

« Vieilles gardes du Capitole,
Vous que la peur vint éveiller,
Des Romains vous fûtes l'idole,
Et je languis au poulailler!

D'honneur, de force et de vaillance
Chacun sait que je fus doté.
Clovis signa ma déchéance;
Je ne l'avais pas mérité.
Tout résigné dans ma disgrâce,
A mes yeux un lis vint briller;
Eh bien! sans faire la grimace
Je rentrai dans le poulailler.

Jadis j'étais tout pour la France;
Au combat j'appelais ses preux,
Et j'enseignais la vigilance
Aux soldats les moins courageux.
On a voulu céder ma place
Au roi des airs, à l'aigle altier;
Je manquais, disait-on, d'audace;
Mais je pleurais au poulailler. »

Quel coup d'état, quelle vengeance
De proscrire un oiseau chéri,
Prenant ses maux en patience
Et se condamnant à l'oubli!

Noble oiseau, redresse ta crête
Et foule un sol hospitalier;
Les trois couleurs ornent ta tête;
Tu seras roi du poulailler.

Déja la France émancipée,
La France libre dans son choix,
A conquis au bout de l'épée
Une Charte et le Coq gaulois.
C'est à sa voix qui te réclame,
Que tu dois te sacrifier;
C'est pour orner son oriflamme
Qu'il faut quitter le poulailler.

LA TRICOLORE.

Air: *A voyager passant sa vie.*

Reviens, cocarde tricolore,
De nos preux divin talisman;
Brille à nos yeux, oui, brille encore,
Sois notre astre de ralliment.
Flambeau pour nous dans la victoire,

Méduse pour nos ennemis,
Quand on relira ton histoire,
On s'endormira sur les lis.

Reviens, libre et républicaine,
Fille de France et de l'honneur;
Si tu te montrais avec peine,
C'est sur le front d'un empereur.
Un roi-citoyen te proclame
L'ornement de notre pays;
Les couleurs de son oriflamme
Banniront à jamais les lis.

Resplendis comme une auréole
Sur le casque de nos guerriers;
Mieux que la rame ou la boussole,
Guide aux combats nos fins voiliers.
Du courage et de la vaillance
Tu sauras rehausser le prix;
Et tu seras toujours en France
L'effroi des tyrans et des lis.

Les peuples des deux hémisphères
Respectent tes nobles couleurs;
Chez eux ont retenti nos guerres,
Nos triomphes et nos malheurs.

Toujours ils garderont mémoire
De Fleurus, d'Iéna, d'Austerlitz;
Ils sauront tous que notre gloire
N'était pas la fille des lis.

Du sexe tu fis la conquête,
Tu fus son plus bel ornement,
Et déjà tu pares sa tête
A l'aide d'un simple ruban.
Autour de sa taille légère,
Tu prends la forme de l'iris;
Et de son sein, créé pour plaire,
Tu ternis la blancheur des lis.

Oui, reviens, cocarde chérie;
Sois la sauve-garde des lois,
Protége à jamais la patrie,
Protége un prince de son choix.
Les vertus orneront son trône,
Nos neveux béniront ses fils;
Ses fils porteront la couronne,
Par nous conquise sur les lis.

Fatlo

LA MESSE.

Air de la mère Picard.

Vite à la messe !
Que tout s'empresse !
Au fond du Louvre une cloche a sonné ;
Vite à la messe !
Que tout s'empresse !
L'*éléïson* a déjà résonné.

Venez jouir de ma béatitude ;
Peuple, ton roi, grâce au rabat sacré,
Sur son salut est sans inquiétude.
Qui damnerait un prince tonsuré ?
Vite à la messe ! etc.

Pourquoi voit-on de l'impur athéisme
Les partisans mettre l'Europe en feu ?
C'est qu'en ce siècle on croit au magnétisme,
Sans daigner croire aux miracles de Dieu.
Vite à la messe ! etc.

Je veux des fonds; que la France s'arrange!
Je dois aller en croisade à Tunis.
Ne criez pas.... Vous aurez en échange
Des chapelets par votre roi bénis.
  Vite à la messe! etc.

Vous vous plaignez, en ces temps de détresse,
De manquer tous d'un utile aliment.
Mes bons sujets, accourez à la messe:
Le pain béni s'y donne largement.
  Vite à la messe! etc.

Disparaissez, vains hochets de la terre,
Par le courage ou les arts obtenus;
Au lieu de croix, gloire, à ta boutonnière
Tu porteras désormais des *agnus*.
  Vite à la messe! etc.

L'amé *Guernon* parfois rime un cantique,
Et de bedeau touche le traitement.
De Jacotot essayant la rubrique,
L'épais *Boudet* m'enseigne le serpent.
  Vite à la messe! etc.

Je vois *d'Haussez*, marin surnuméraire,
Dans l'eau bénite absorbé tout entier.

Pour s'exercer, il se complaît à faire
Un océan de mon grand bénitier.
  Vite à la messe ! etc.

Pour être Suisse, ô fils de ma tendresse,
Jules, saisis ce glaive redouté.
C'était celui qu'aux jours de ma détresse,
L'ogre de Corse avait à son côté.
  Vite à la messe ! etc.

Si certain duc me supplantait en France,
Dieu ferait naître un autre Waterloo ;
Et bientôt, grâce à la Sainte-Alliance,
Je pourrais dire encore : *Introïbo.*
  Vite à la messe ! etc.

Ainsi parlait le saint monarque au prône,
Chacun disait : C'est un droit naturel.
Lorsque l'autel est monté sur le trône,
Le trône aussi doit monter sur l'autel.

  Vite à la messe !
  Que tout s'empresse !
Au fond du Louvre une cloche a sonné.
  Vite à la messe !
  Que tout s'empresse !
L'éléison a déjà résonné.

A. ALTAROCHE.

RÉVEILLONS-NOUS!

Air: *Patrie, honneur, pour qui j'arme mon bras.*

Lassés de gloire et fatigués d'exploits,
Nous sommeillions... on nous chargeait de chaînes;
Nous sommeillions... mais du coq des Gaulois
Le noble chant a réveillé nos plaines.
Peuples, sortez enfin d'un long sommeil. ⎫
Le coq des Francs a chanté le reveil.   ⎬ (bis)

Les yeux en pleurs, l'auguste Liberté
Redemandait des autels à la terre.
C'était à nous, fils d'un peuple indompté,
A relever son culte et sa bannière.
Peuples, sortez, etc.

Tous les échos redisent nos succès,
Déjà le Belge affronte la tempête.
Il se souvient qu'il fut jadis Français;
Il ne pouvait long-temps courber la tête.
Peuples, sortez, etc.

Plus de tyrans! leurs bras ensanglantés
Ont trop long-temps sur nous lancé la foudre.
Peuples, brisons leurs sceptres détestés,
Et qu'à leur tour ils rampent dans la poudre.
Peuples, sortez, etc.

Levez-vous tous, enfans de l'univers,
Au cri jeté par les fils de la France.
Sachez, comme eux, sachez briser vos fers;
Criez comme eux : Vivre libre, ou vengeance.
Peuples, sortez enfin d'un long sommeil. ⎫
Le coq des Francs a chanté le réveil. ⎭ *(bis)*

AUZONNE-CHANCEL.

LES ENFANS DE LA GLOIRE.

Air : *A boire, à boire.*

Amis, des rives de la Seine
Zéphire, sur sa douce haleine
Vers nous porte un nom glorieux.
La liberté, fille des Dieux,

La liberté brille à nos yeux.
  Fiers enfans de la gloire,
Saluons son nom respecté :
    Victoire, (bis)
    Et liberté.

Un roi, dans son aveugle rage,
Rêvait en vain notre esclavage :
Ceux qui jadis à l'univers
Si long-temps ont donné des fers,
N'en verront point leurs bras couverts.
  Fiers enfans, etc.

Du lis la tige s'est flétrie,
Le sang des fils de la patrie
Vient de la souiller à jamais ;
Et les trois couleurs désormais
Seront l'insigne des Français.
  Fiers enfans, etc.

Si l'ennemi, dans sa démence,
Franchissait le seuil de la France,
Revolons sous nos vieux drapeaux.
Songeons que long-temps, sans repos,
Ils ont flotté sur des héros.
  Fiers enfans, etc.

Honneur aux urnes funéraires,
Où dort la cendre de nos frères,
Et que jamais l'homme odieux,
Qui versa leur sang généreux,
De ses pas ne souille ces lieux.

 Fiers enfans de la gloire,
Saluons son nom respecté :
  Victoire,   (*bis*)
  Et liberté.

AUZONNE-CHANCEL.

LA FAUBOURIENNE.

Improvisée le 29 juillet aux Tuileries.

AIR de la marche nationale de Colombie :

Avanzad, avanzad, patriotas.

Vous étiez le honteux patrimoine
  D'un moine ;
Votre sang a reconquis vos droits.
Des faubourgs Saint-Marceau, Saint-Antoine,

Aujourd'hui souffle, comme autrefois,
L'ouragan qui balayait les rois.

Avancez, avancez, patriotes !
Le drapeau tricolore a flotté ;
Avancez, vertueux sans-culottes,
Liberté ! liberté ! liberté !

Délaissant atelier, mère, fille,
   Famille,
Les pieds nus, sans espoir, sans secours,
Vous avez effacé la Bastille ;
Et conquis plus de gloire en trois jours
Qu'un autre siècle dans tout son cours.
Avancez, avancez, etc.

Vous forgiez, au milieu des alarmes,
   Vos armes;
Meuble, outil, tout devenait mortel ;
Soldats royaux, lanciers et gendarmes
Garderont un souvenir cruel
De vos cosaques du carrousel.
Avancez, avancez, etc.

L'or des rois, dans les mains des séides
   Perfides,
Trop long-temps a coulé sans pudeur.

Noirs prélats et courtisans avides
Soudoyaient le crime et la fureur.
L'or du peuple appartient au malheur!
Avancez, avancez, etc.

A vos frères laissez, camarades,
      Les grades,
Glorieux d'avoir rompu leurs fers.
Entendez au haut des barricades
Le chant du coq qui perce les airs,
Pour aller réveiller l'univers.
Avancez, avancez, etc.

L'arc-en-ciel sourit à la patrie
      Chérie;
L'air est pur, et l'horizon serein.
De vos faubourgs une voix nous crie :
Choisis, France, un roi républicain,
Qui répète avec toi ce refrain :

Avancez, avancez, patriotes,
Le drapeau tricolore a flotté;
Avancez, vertueux sans-culottes,
Liberté! liberté! liberté!

                Eugène de Monglave.

HONNEUR ET LIBERTÉ!

Air du vaudeville de Partie et Revanche.

Tout pour l'honneur! des fils de notre France,
En tous les temps fut un refrain chéri;
Nos anciens preux l'écrivaient sur leur lance,
Et triomphaient en répétant ce cri!   (*bis*)
    Mais bien plus fière en ton langage,
    Jeune France, avec dignité
Tu fais entendre aux Français de notre âge
Le cri d'honneur, le cri de liberté!   (*ter*)

Napoléon sut caresser l'idole
Des cœurs français, des cœurs passionnés,
Et nous, séduits par cet éclat frivole,
Au char vainqueur nous étions enchaînés. (*bis*)
    On admirait ces temps de gloire,
    De triomphe et de majesté!
Mais il manquait encore une victoire
Qui réunit honneur et liberté!...   (*ter*)

Pendant quinze ans, ô souvenir funeste!
Il a fallu nous courber et gémir;
Il a fallu, sous des rois qu'on déteste,
Pendant quinze ans chaque jour s'avilir. (bis)
    Mais, terrible comme la foudre,
    Le peuple enfin s'est agité....
Son bras puissant, qui les réduit en poudre,
Nous rend l'honneur avec la liberté! (ter)

Noble drapeau! qu'à ta vue attendrie,
Notre âme, hélas! laisse échapper de pleurs!
Mais toi bientôt, par ta vertu chérie,
Tu sais calmer nos regrets, nos douleurs. (bis)
    Symbole d'un heureux génie,
    Flottant sur la grande cité,
Ta seule image est pour nous la patrie;
Elle respire honneur et liberté! (ter)

O liberté! bientôt l'Europe entière,
Emue enfin à tes divins accords,
Se ralliera sous ta sainte bannière,
A tes accens unira ses transports!... (bis)
    O France! ta voix lui rappelle
    Le pacte de fraternité.
Ainsi toujours sois le pays-modèle
Et de l'honneur et de la liberté! (ter)

                        LABARDIER.

CHANT INFERNAL DES JÉSUITES ;

PARODIE DE LA PARISIENNE,
Chant national.

Peuple béat, peuple de traîtres,
La sainte ampoule est en danger ;
On nous disait : Soyez bons prêtres !
Nous disons : Il faut nous venger !

Soudain Montrouge en son histoire
A retrouvé sa vieille gloire :
 « En avant, bigots,
 » Cafards et cagots,
» Pour griller le peuple entassons des fagots ;
 » Volons à la victoire. »

Ne tremblez pas ; qu'on se soutienne !
Chaque élu de nos évêchés
De sa calotte très-chrétienne
Fait une offrande aux sept péchés.

O jours de lubrique mémoire !
Montrouge entonne un chant de gloire :
 « En avant, bigots, etc.

La mitraille en vain nous égruge ;
Elle enfante des capucins :
Voyez sous ce brûlant déluge
Naître encor des ignorantins.

O jours d'imbécile mémoire !
Montrouge entonne un chant de gloire :
 « En avant, bigots, etc.

Pour dompter ces bourgeois rebelles
Aux lois d'un prince cornichon,
Qui conduit nos guerriers fidèles ?
C'est saint Ignace en capuchon.

O jours d'homicide mémoire !
Montrouge entonne un chant de gloire :
 « En avant, bigots, etc.

Les missions sont revenues ;
Et Saint-Acheul avec fierté
Voit encor monter vers les nues
La croix de la mendicité.

O jours de cynique mémoire !
Montrouge entonne un chant de gloire :
 « En avant, bigots, etc.

Soldat de l'étendard d'Ignace,
DE QUÉLEN, toi qu'on admirait !

Ton sang, pour venger notre race,
Avec le nôtre s'unirait.

Comme Charles-Neuf on peut croire
Que tu dirais ce chant de gloire :
« En avant, bigots, etc.

Sonneurs, du trépas des jésuites
Sonnez le lugubre signal,
Et vous, ô pieux cénobites,
Pleurez en cet instant fatal.

Satan, que ta demeure noire
Soit leur séjour expiatoire !
 Devant eux, démons,
 Inclinez vos fronts,
Vous allez rôtir, vous tous que nous pleurons,
Sans gagner la victoire ! ! ! ...

J.-A. GOUILLEME.

LE QUART DE SIÈCLE.

Ce siècle, encore enfant, a vieilli dans l'histoire,
Et ses grands coups d'hier, auxquels on n'ose croire,

Ont remué le monde ébranlé sur ses gonds ;
L'aile du Temps se lasse à suivre ses vestiges ;
Tous ses pas sur le globe impriment des prodiges :
  Quel œil mesurera ses bonds !

  Du milieu des civils orages
  Voyez surgir ce conquérant :
  Un bandeau de sombres nuages
  A couvert son front de géant.
  Parmi des flots d'humaine poudre
  Son bras écrit à coups de foudre
  Les cent noms de son vaste orgueil ;
  Et de Saint-Denis, leur asile,
  La poussière des rois s'exile
  Pour faire place à son cercueil.

D'un souffle de sa bouche il balayait les trônes,
Et le troupeau des rois, veufs de tant de couronnes,
Se morfondait à faire antichambre à sa cour.
Il se croyait sublime à ne pouvoir descendre.
Pourtant le ver des rois ne ronge point sa cendre !
  Prométhée, il eut un vautour !

  C'est qu'enivré par la victoire,
  Qui guidait ses aigles brûlans,
  Le grand homme asseyait sa gloire
  Sur le glaive des combattans,

Aux fenêtres du Capitole,
Dans les plis du drapeau d'Arcole,
Il étouffa la liberté :
Aussi fut-il seul de sa race,
Le Corse à Sainte-Hélène trace
Sa sanglante immortalité.

L'univers a trop vu de ces grands météores ;
De glorieux malheurs gigantesques aurores,
Leur orbe au front d'airain dévore en éclairant.
De leurs embrasemens le passé toujours fume.
Que le temps refoulé couvre de son écume
  Leur souvenir encor brûlant !

  Mais le colosse des deux mondes,
  Debout sur son noir piédestal,
  Expie au vaste sein des ondes
  Son quart de siècle triomphal.
  Des rois la vieille dynastie,
  Comme une tige rajeunie,
  Sur nos revers jette sa fleur,
  Et sur le trône, à côté d'elle,
  S'assied cette charte immortelle,
  Gloire d'un roi législateur.

Le sang parlait encor sous le tranchant des haches
L'horizon politique était souillé de taches,

Et le passé tonnait de terribles leçons.
Ce peuple qui brisait un colosse de gloire,
Pour mettre dans leurs mains le sceptre expiatoire,
    Rêvait Henri chez les Bourbons.

    Mais, quoi! des courtisans, des prêtres
    Par qui le sol est pressuré,
    Esclaves, maître de leurs maîtres,
    Règnent sous un masque sacré!
    Ainsi qu'aux siècles d'ignorance,
    Leurs bannières couvrent la France,
    Et tout sage est leur ennemi;
    Un Charles, tyran par faiblesse,
    A l'horreur vouant sa vieillesse,
    Aura sa Saint-Barthélemi.

C'en est fait! le sang coule! on égorge nos frères!
La vengeance, planant sur les flots populaires,
Étreint déjà sa proie au milieu de vos rangs;
Voyez, voyez ces murs cicatrisés de balles!
Ce sont là les présens faits par des mains royales
    A nos femmes, à nos enfans!
. . . .
. . . .

    Ainsi sur l'océan des âges
    S'est levé le siècle présent,
    Et chaque vague à nos rivages

Roule un sublime événement.
Rois, sondez les vastes abîmes
Où tombent de leurs hautes cîmes
Les grands proscrits de l'univers.
La foudre qui frappe vos têtes
A jailli du choc des tempêtes
Qu'excita le bruit de nos fers !

Pérot.

LE DÉPART DE LA SAINTE FAMILLE.

Air : *Amusez-vous, trémoussez-vous.*

Un grand roi dont j'ai souvenance,
Sur ses bons sujets
Formant mille projets,
N'avait pas lu sur ses arrêts :

Décampez tous,
Embarquez-vous,
Allez en avant,
Faites vos adieux à la France,
Allez en avant,
Nous vous souhaitons un bon vent,

Terrassant la belle ordonnance;
 Tous les bons Français,
 Prenant part au succès,
Ont mis au bas de son procès :
 Décampez, etc.

J'ai compté sur votre assistance,
 Dit ce roi caffard
 Aux enfans d'Escobard.
— Hélas! mon cher, il est trop tard ;
 Décampez, etc.

Guillaume, pour ta récompense,
 Je te donne Alger,
 Sauve-moi du danger.
— Je ne puis plus te protéger ;
 Décampez, etc.

Dis-moi, divine providence,
 Pour me replacer,
 A quel saint m'adresser ?
— Puisqu'ils veulent aussi chasser ;
 Décampez, etc.

Afin d'assouvir ma vengeance,
 Soldats, vos efforts

Vont doubler mes transports;
Et s'il faut aller chez les morts.
Décampez, etc.

Pour dernier trait de sa vaillance,
Dans le coffre-fort
Ayant pris du renfort,
Il dit, n'étant pas le plus fort :
Décampons tous,
Embarquons-nous,
Allons en avant,
Faisons nos adieux à la France;
Allons en avant,
Puissions-nous avoir un bon vent.

P. ROSSIN.

LE CONSPIRATEUR TRICOLORE,

Chansonnette improvisée en 1824, sous les verroux de Sainte-Pélagie.

Air : *Une fille est un oiseau.*

Sachez que je suis l'effroi
Du parti bonapartiste,

Et que je suis royaliste
Au moins autant que le roi.
Par la Gazette sacrée
Ma raison est épurée.
Pour m'endormir la soirée
Je parcours le Moniteur.
Cependant, chose incroyable,
Je suis un monstre effroyable;
Je suis un conspirateur.

J'avais dansé l'autre jour
Avec la petite Lise,
Puis avec dame Céphise,
Puis avec Rose d'amour.
Pour le bleu Céphise penche,
Lise aime la couleur blanche,
Et comme le rouge tranche,
Rose l'aime à la fureur.
Les robes des trois vestales
Me seront long-temps fatales....
Je suis un conspirateur.

Sur moi fond comme l'éclair
Un gendarme, qui m'entraine
Dans une prison malsaine
Où jamais il ne fait clair.
Le marquis de Tourangère
Vient consoler ma misère.

Je le prends pour mon Cerbère,
Je le traite avec rigueur.
Monsieur le marquis s'emporte,
Moi je le *jette* à la porte....
Je suis un conspirateur.

Comme il pleuvait en venant,
J'ai grand' peur que l'eau ne gâte
Mon justaucorps écarlate,
Mes bas bleus, mon gilet blanc.
A sécher à la fenêtre
Je me hâte de les mettre;
Mais, dès qu'on les voit paraître,
Tout Paris est en rumeur.
Je le vois bien, j'ai beau faire,
Malgré mon bon caractère,
Je suis un conspirateur.

Me promenant vers le tard
Dans un bosquet solitaire,
Près de moi sur la fougère
Si j'aperçois, par hasard,
Des yeux bleus dont le langage
Enchaînerait le plus sage,
Puis un séduisant corsage
Du lis ayant la couleur,

Puis une bouche vermeille,
Alors mon esprit s'éveille,
Je suis un conspirateur.

Jamais de son prieuré
Un enfant de chœur ne bouge
Sans avoir sa robe rouge,
Ainsi le veut le curé.
Sans un habit bleu le suisse
Jamais ne fait la police.
Le prêtre étale à l'office
D'un fin surplis la blancheur.
Prêt à voir le sombre empire,
Dans leurs bras je pourrai dire:
Je suis un conspirateur.

Eugène de Monglave.

LE FRANÇAIS.

Air des Comédiens.

Peuple français, l'univers te contemple;
Tu fais trembler vingt monarques pervers;
Bientôt, suivant ton héroïque exemple,
Les nations auront brisé leurs fers.

Soudain tiré d'un sommeil léthargique,
Lorsque du coq le chant eut résonné,
En rugissant, le lion de Belgique
Etouffa ceux qui l'avaient enchaîné.

Le fanatisme, altéré de carnage,
Avec fureur agite son flambeau :
Sur ses débris, en dépit de sa rage,
La Liberté plantera son drapeau.

Pour repousser des hordes sanguinaires,
Tout sait combattre, enfans, femmes, vieillards;
Des corps sanglans de leurs courageux frères
Les citoyens se forment des remparts.

Dans les cités, si le fer tyrannique
Frappe au berceau les citoyens naissans,
La Liberté d'une palme civique
Couvre en pleurant leurs mânes innocens.

Sur vos tombeaux, immortelles victimes,
De vos bourreaux tout le sang va couler;
Un Dieu vengeur a frémi de leurs crimes,
Entendez-vous leurs trônes s'écrouler?

Peuples divers, qu'un seul cri vous rallie :
Haine aux tyrans, mort aux princes pervers!

Des oppresseurs que la horde avilie
Cherche un refuge au bout de l'univers.

Avec la paix, sur la terre féconde
La Liberté va régner pour toujours;
Et son pavois, aux quatre coins du monde,
Protégera les arts et les amours.

Peuple français! l'univers te contemple;
Tu fais trembler vingt monarques pervers;
Bientôt, suivant ton héroïque exemple,
Les nations auront brisé leurs fers.

LE SERMENT

DE L'ÉCOLE DE CAVALERIE DE SAUMUR.

Air : *Mon pays avant tout.*

Il m'en souvient, la saison des victoires
Faisait verdir le laurier des combats;
On nous contait ces sublimes histoires
Qu'enfans encor nous ne connaissions pas. (*bis*)
A ces récits, chers à notre mémoire,
Nos jeunes cœurs répétaient en écho;

«O mon pays! puissions-nous pour ta gloire ⎫ (*bis*)
» Mourir un jour sous ton noble drapeau, ⎭
» Oui, mourir sous ton noble drapeau ! » (*bis*)

Sur le sommet des vieilles pyramides,
Sur les créneaux de la ville du czar,
Naguère on vit nos pères intrépides
Faire flotter l'immortel étendard. (*bis*)
Et lorsque, usés par trente ans de victoire,
Ils succombaient aux champs de Waterloo,
O mon pays ! ils mouraient pour ta gloire ⎫ (*bis*)
Ensevelis dans ton noble drapeau. ⎭
Ils mouraient sous ton noble drapeau. (*bis*)

Il disparut dans ce jour de carnage,
Mis en débris par la haine des rois,
Qui, le livrant au mépris, à l'outrage,
Croyaient ainsi ravaler nos exploits. (*bis*)
Les vrais Français, consacrant sa mémoire,
Disaient, pleurant sur son dernier lambeau :
« O mon pays, conserve pour ta gloire ⎫ (*bis*)
» Le souvenir de ton noble drapeau ! ⎭
» Souviens-toi toujours de ton drapeau !» (*bis*)

Mais tout à coup l'étendard héroïque
De nouveau brille à nos regards surpris.
C'est un Français, bien cher à l'Amérique,
Qui rapprocha ses sublimes débris. (*bis*)

Et dans trois jours, dont à jamais l'histoire
Conservera l'incroyable tableau,
Peuple français, tu reconquis ta gloire, ⎫
En revenant à ton noble drapeau ! ⎭ (bis)
Revenant à ton noble drapeau ! (bis)

Et nous aussi, dignes fils de nos pères,
Sous ce drapeau nous servirons l'état ;
Des trois couleurs, à la France si chères,
Nous soutiendrons et l'honneur et l'éclat. (bis)
Si notre sang doit payer la victoire,
Ah ! loin de craindre un trépas aussi beau,
O mon pays ! c'est vivre pour la gloire ⎫
Que de mourir sous ton noble drapeau ! ⎭ (bis)
Que mourir sous ton noble drapeau ! (bis)

Lorsqu'au dehors nous défendrons la France,
Dans nos foyers, vous, soldats citoyens,
Des factions réprimant la licence,
La liberté vous aura pour soutiens. (bis)
Pour assurer son heureuse victoire,
Peuple et soldats, réunis en faisceau,
Roi des Français, nous jurons par la gloire ⎫
De mourir tous sous le même drapeau ! ⎭ (bis)
De mourir sous le même drapeau ! (bis)

Cl. Galopp,
Sous-officier à l'école de cavalerie.

LA CHARTE.

Air : *En avant, marchons,* etc.

Saluons cette œuvre immortelle
Conquise par le sang français,
Le drapeau qui plane sur elle
L'abritera de tous les traits.
Non, plus de craintes pour la Charte,
Car si jamais l'on s'en écarte...
  Le coq chantera,
  Philippe entendra,
Et soudain sa voix, sa noble voix rendra
  L'espérance
  A la France.

Que jamais brouillard ne te couvre,
Pacte par la mort cimenté ;
Sois enfin la clef qui nous ouvre
Le temple de la Liberté.
Non, plus de craintes, etc.

Dépourvu d'une âme française,
Un prince en vain la bâillonna,

Soudain l'écharpe béarnaise
Périt sous le fer d'Iéna.
Non, plus de craintes, etc.

Trois jours la capitale entière,
Affrontant le bronze assassin,
Dans le sang figé sur la pierre
L'écrivit au bruit du tocsin.
Non, plus de craintes, etc.

Qu'en paix elle règne et domine
A l'ombre de nos étendards,
Nous avons planté sa racine
Sous les pavés de nos remparts.
Non, plus de craintes, etc.

Si des rois guidés par Bellone
Contre elle un jour se déclaraient,
Les vieux aigles de la colonne
De leurs ailes la couvriraient.
Non, plus de craintes, etc.

Et si le ciel osait encore
Nous ravir ce dernier espoir,
Au lieu du drapeau tricolore,
Partout plantons le drapeau noir.
Mais, plus de craintes pour la Charte,

Car si jamais l'on s'en écarte,
Le coq chantera,
Philippe entendra,
Et soudain sa voix, sa noble voix rendra
L'espérance
A la France.

Em. Debraux.

LA SENTINELLE.

Air de la Parisienne.

Pour célébrer l'heureuse France
Chantons Paris en ces refrains,
A qui l'on doit reconnaissance
D'avoir chassé nos assassins.
Pour ce bienfait, gloire immortelle !
Honorons la France nouvelle.
Enfans de Paris,
Soyons tous unis,
Ne formons chez nous qu'un grand peuple d'amis,
Toujours en sentinelle. (*bis*)

Après quinze ans de despotisme,
Paris nous rend la liberté ;

Vite, chassons le jésuitisme
Pour rétablir la vérité;
Aux vrais Français gloire immortelle!
Honorons la France nouvelle.
  Enfans de Paris, etc.

Par des Bourbons, fourbes insignes,
Effrontément trompés, trahis,
Ils ont prouvé qu'ils sont indignes
De gouverner ce beau pays;
Pour eux notre haine éternelle
Nous fait voir la France plus belle!
  Enfans de Paris, etc.

Braves soldats de la patrie
Qui combattiez nos vils tyrans,
Votre courage et leur furie,
Vous firent tous serrer les rangs;
Pour vos hauts faits gloire immortelle
En Europe éclate, étincelle.
  Enfans de Paris, etc.

La liberté qui vient d'éclore
Est l'heureux fruit du sang versé;
Nous y devons comprendre encore

Les défenseurs d'un droit sacré ;
Pour leurs hauts faits gloire immortelle
En Europe éclate, étincelle.
  Enfans de Paris, etc.

Nous avons fait choix d'un monarque
Qui naquit pour la liberté ;
Dans tous les temps on le remarque,
C'est un héros plein d'équité ;
Par lui que sa race éternelle
Règne sur la France nouvelle.
  Enfans de Paris, etc.

Législateurs, vous dont l'histoire
Gravera les noms révérés ;
Vous avez part à notre gloire,
Car vous deviez être immolés ;
Déjà l'auréole immortelle
Paraît dans la France nouvelle.
  Enfans de Paris, etc.

Dignes héros ! nobles victimes !
En succombant dans nos combats,
C'est par des exploits magnanimes
Que vous vengiez nos attentats.
Pour vous nos larmes éternelles
Mouilleront vos fleurs immortelles.

Enfans de Paris,
A la Charte unis,
A la France, au roi, contre nos ennemis,
Soyons tous sentinelles. (*bis*)

GODARD.

CHANT DES ÉTUDIANS.

Mes compagnons, la France vous appelle,
Elle a besoin des bras de ses enfans,
Jurons de vaincre ou de mourir pour elle,
Et en avant les braves étudians.

Entendez-vous ces cris d'alarmes,
Ces sourds tintemens du tocsin,
Ce bruit, ce cliquetis des armes,
Voilà le signal assassin !
Des tyrans, traîtres à la France,
Pour l'asservir se sont armés,
Etudians, pour sa délivrance,
Resterons-nous donc désarmés ?
Mes compagnons, la France vous appelle, etc.

23.

Ne suivrons-nous pas au carnage
Les intrépides Parisiens ?
Comme eux nous avons du courage,
Comme eux nous sommes citoyens.
Pour la liberté qu'on offense
Ils vont soutenir des combats,
Avec eux prenons sa défense,
D'étudians devenons soldats.
Mes compagnons, la France vous appelle, etc.

Dérouillons ces vieilles épées
Qui, dans le sang des oppresseurs
Par nos pères déjà trempées,
Doivent frapper leurs successeurs.
Prenons ce lambeau tricolore,
Il a dormi jusqu'aujourd'hui.
En France il doit briller encore :
Le jour de son réveil a lui.
Mes compagnons, la France vous appelle, etc.

Adieu, fillettes, la patrie
De nos bras attend du secours,
Le cri de la France chérie
Doit faire oublier les amours.
Ne pleurez pas, une déesse,
La Liberté, du haut des cieux,
Sur nos jours veillera sans cesse,

Et nous rendra victorieux.
Mes compagnons, la France vous appelle, etc.

 Allons, amis, le bronze tonne,
 Formons nos rangs avec fierté;
 L'heure de la vengeance sonne,
 Marchons! Vive la liberté!
 Si nous succombons, que nos frères,
 Sur un glorieux lit de drapeaux,
 Rapportent nos corps à nos mères,
 Qu'elles pleurent sur nos tombeaux !

Mes compagnons, la France vous appelle,
Elle a besoin du bras de ses enfans;
Jurons de vaincre ou de mourir pour elle,
Et en avant les braves étudians.

Ed. OURLIAC.

L'AIGLE ET LE COQ.

Air : *La Victoire en chantant.*

L'oiseau de Jupiter, en déployant ses ailes,
 Dit un jour au coq des Gaulois:
Est-ce toi qui soutiens ces couleurs immortelles

Que je défendais autrefois?
Est-ce ton chant qui mit en poudre
Le trône d'un prince pervers?
As-tu donc ressaisi la foudre
Par qui j'étonnais l'univers?
Lorsque je suis sur la colonne
L'emblème de tant de succès,
Es-tu par l'ordre de Bellone
Placé sur le drapeau français?

LE COQ.

Air de la Carmagnole.

C'est toi, grand aigle d'*Austerlitz*, (*bis*)
Qui remplaçais si bien les lis, (*bis*)
   Aujourd'hui c'est mon tour;
   Je le dis sans détour:
Pour la France je chante,
   Et c'est ma voix,
    Toujours ma voix
Qui la rend triomphante:
Je suis le Coq des Gaulois!

L'AIGLE.

Air: *La Victoire en chantant.*

Un lâche, toujours faux, par crainte se déguise;
   Et tu parles avec fierté!

Je reconnais en toi cette antique franchise,
Compagne de la liberté ;
Mais quand tu viens prendre ma place,
Fier d'être le coq des Gaulois,
Ne montres-tu pas trop d'audace ?
Dis-moi, quels furent tes exploits ?
Lorsque je suis sur la colonne
L'emblème de tant de succès,
Es-tu, par l'ordre de Bellone,
Placé sur le drapeau français ?

LE COQ.

Air de la Carmagnole.

Grâce à mon courage indompté (*bis*)
Des Romains je fus redouté. (*bis*)
  J'étais avec *Brennus*,
  Je fis tomber *Varus*.
  Pour la France je chante ;
    Et c'est ma voix,
    Toujours ma voix,
  Qui la rend triomphante :
  Je suis le coq des Gaulois !

L'AIGLE.

Air : *La Victoire en chantant.*

Je connais ta valeur, mais est-il un trophée
  Semblable à celui d'*Iéna* ?

L'aigle eut des détracteurs : leur voix est étouffée ;
La France enfin me couronna !
Fier coq, vers le rivage sombre
Fixe ton œil étincelant ;
Celui dont tu vois grandir l'ombre,
Je le guidais à *Friedland*.
Lorsque je suis sur la colonne
L'emblème de tant de succès,
Es-tu, par l'ordre de Bellone,
Placé sur le drapeau français ?

LE COQ.

Air de la Carmagnole.

De ton héros sous l'étendard * (bis)
J'ai traversé le *Saint-Bernard ;* (bis)
J'ai fait à *Marengo*
Gémir plus d'un écho.
Pour la France je chante,
Et c'est ma voix,
Toujours ma voix,
Qui la rend triomphante :
Je suis le Coq des Gaulois !

* Sous le consulat, les faisceaux de la grille du château des Tuileries étaient surmontés par des coqs.

L'AIGLE.

Air: *La Victoire en chantant.*

Pour te voir surmonter le drapeau tricolore,
    Fier coq, j'approuve tes moyens;
Et je veux même ici, pour toi plus juste encore,
    Dire que des fiers Parisiens,
    Aux *trois immortelles journées*,
    Qui si haut font sonner leur nom,
    En attachant tes destinées,
    Tu dois partager le renom.
    Lorsque je suis sur la colonne,
    L'emblème de tant de succès,
    Reste donc, oiseau de Bellone,
    Reste sur le drapeau français.

LE COQ.

Air *de la Carmagnole.*

Grand aigle, aussi tu resteras; (*bis*)
De ton nom tu me soutiendras. (*bis*)
    Des Français quand le roi
    Règne au nom de la loi,
      Pour la France je chante,
      Et c'est ma voix,

Toujours ma voix,
Qui la rend triomphante :
Je suis le Coq des Gaulois !

P. Colau.

LE TOCSIN DE PARIS.

Despotes couronnés, nous ne vous craignons plus ;
   De notre sang nous rougirions nos chaînes ;
   Le temps est gros de civiques vertus.
Le triomphe est venu des mœurs républicaines.
Un grand peuple est debout pour défendre ses droits ;
Il donne le signal des justes représailles.
Tyrans, vous tomberez sous l'empire des lois :
Le tocsin de Paris sonne vos funérailles !

Auréole brillant sur ce vaste univers,
   Drapeau chéri des enfans de la gloire,
   Tu rediras à cent peuples divers
A quel prix nous avons acheté la victoire !
Le sang de ces héros ne sera pas perdu ;
Il doit fumer encore au jour des représailles.
Oui, l'empire des lois, tyrans, nous est rendu :
Le tocsin de Paris sonne vos funérailles !

Trop serviles soutiens d'un pouvoir abhorré,
    N'alléguez plus vos sermens mercenaires :
    Sur des Français vos soldats ont tiré !
Vous les avez forcés d'assassiner leurs frères !
Dans les rangs des Kalmoucks portez votre valeur;
Votre patrie en deuil pour vous n'a plus d'entrailles.
Vous nous parlez d'honneur, bourreaux !.... de votre
Le tocsin de Paris sonne les funérailles!   [honneur]

Ombres de nos martyrs, ô vous! mânes sanglans!
    Apparaissez aux peuples de la terre,
    Et dites-leur : « Victimes des tyrans,
» Ne tenez plus vos fronts courbés dans la poussière;
» Des tigres dévorant le fruit de vos sueurs
» Ne servez plus la haine au milieu des batailles;
» Brisez, brisez enfin le joug des oppresseurs :
» Le tocsin de Paris sonne leurs funérailles ! »

Telle que l'aigle fier, au vol majestueux,
    La Liberté planera sur la terre;
    Tes ennemis, digne fille des cieux,
Ne pourraient t'arrêter dans ta noble carrière.
Les échos de la Seine ont au loin retenti;
Des remparts des tyrans crouleront les murailles;
Tremblez! rois absolus, votre règne est fini :
Le tocsin de Paris sonne vos funérailles !

O France ! tes destins sont fixés à jamais.
    Tes trois jours d'un noble principe,

En assurant le glorieux succès,
Feront régner les lois sous l'appui de Philippe.
O Liberté ! Raison ! que votre empire est grand !
Roi-citoyen, tes fils des nôtres sont les frères.
Maintenant dans Paris, sous ton règne puissant,
Il n'est plus de tocsin ni de jours funéraires.

J.-A. GARDY.

LE COQ A CHANTÉ.

Air : *Ma Lisa, tiens bien ton bonnet.*

D'oiseaux de proie une bande vorace,
Que l'étranger déchaîna sur nos bords,
Depuis long-temps, au profit de sa race,
De notre France exploitait les trésors.
Et même un jour, de leurs serres cruelles,
Portant l'atteinte à notre liberté,
Ils se dressaient... mais, déployant ses ailes,
   Des Gaulois le Coq a chanté.

Il a chanté, soudain Paris s'éveille,
Et, secouant les langueurs du foyer,

Le citoyen, paisible encor la veille,
Au chant du Coq est devenu guerrier.
L'amour des lois et trois jours d'énergie
Ont su punir quinze ans d'iniquité :
Fuyez, tyrans sans cœur et sans génie,
    Sauvez-vous, le Coq a chanté.

Des bons Français, ô vous les bêtes noires,
Vous, de la nuit sinistres partisans ;
Sots ennemis de nos droits, de nos gloires,
D'affreux complots funestes artisans,
Votre patron ne sera plus le maître ;
Demeurez seuls dans votre obscurité ;
Oiseaux de nuit, le jour vient de renaître,
    Cachez-vous, le Coq a chanté.

Oiseaux si fiers d'un nom et d'un plumage
Que le hasard fit seul tomber sur vous,
Paons orgueilleux, votre insolent ramage
Est sans pouvoir aujourd'hui parmi nous.
La voix du peuple admet le seul mérite,
C'est le talent, l'honneur, la probité :
Oiseaux de cour, votre race est proscrite,
    Taisez-vous, le Coq a chanté.

Enfin la France a chanté leur défaite,
Et, mieux encore, elle a vu leur départ ;

Mais les vautours ont, dans notre retraite,
Autour du Coq laissé plus d'un renard.
L'oiseau gaulois est de la vigilance
(L'ignorent-ils ?) l'emblème redouté :
Traîtres renards, craignez sa clairvoyance,
 Garde à vous, le Coq a chanté.

Aigle prussienne, aigle de Germanie,
Vous d'Albion superbes léopards,
Le Coq gaulois, sans crainte et sans envie,
Vous laisse en paix orner vos étendards ;
Si l'un de vous, oubliant notre gloire,
De notre oiseau réveillait la fierté,
Il connaîtrait que c'est pour la victoire
 Que toujours le Coq a chanté.

L.-A. Montalant.

A PHILIPPE Ier,

ROI DES FRANÇAIS;

Couplets qui lui ont été chantés à Neuilli, le 6 octobre 1827, jour anniversaire de sa naissance.

Air : *Je reviendrai.*

C'est encor lui, ce doux anniversaire,
Qui de nos cœurs vient combler le désir,
Plus de chagrin, de soucis, de misère,
Le prince est là, tout se livre au plaisir.
En souriant aux refrains qu'on entonne,
A nos ébats daignant servir d'appui,
Qui sous des fleurs veut nous cacher l'automne?
    C'est encor lui. (*bis*)

Lorsque l'orage a grondé sur sa tête,
Quand il quitta son pays malheureux,
Il méprisa les coups de la tempête,
Et pauvre alors fit encore des heureux.
Aux bords charmans de la Seine et du Rhône,

La pourpre en vain l'environne aujourd'hui,
Quoique passé d'une chaumière au trône,
  C'est encor lui. (*bis*)

De ses enfans je vois la noble mère
De nos transports redoubler les effets;
De l'indigent jamais la plainte amère
N'a vainement imploré ses bienfaits.
Jamais en vain, jamais on ne lui montre
Des malheureux que le bonheur ait fui,
Et pour sécher les pleurs qu'elle rencontre,
  C'est encor lui. (*bis*)

Chers héritiers de ces parens augustes,
De leurs vertus se faisant un devoir,
A leurs côtés des enfans bons et justes
De l'ouvrier viennent tripler l'espoir.
Doux rejetons d'une tige chérie,
Que l'amour guide et que l'honneur conduit,
En vous voyant chacun de nous s'écrie :
  C'est encor lui. (*bis*)

Encor, dit-on, est un mot de reproche,
Mais en ces lieux comme il est expressif!
Ceux qu'en ce jour le même vœu rapproche
L'ont prononcé de l'accent le plus vif.
D'un jour si beau cent fois loin de médire,

Loin de gémir sur un bonheur enfui,
Dans soixante ans, ah! puissions-nous redire:
C'est encor lui. (*bis*)

EM. DEBRAUX.

LES ENFANS,

POT-POURI.

Air : *Va, va, mon père, je te jure.*

Dis-moi, dis-moi donc, George, qu'est-ce?
Est-il fête? et de quel grand saint?
— Eh quoi! n'entends-tu pas la caisse
Et de toutes parts le tocsin?
— Oui. D'où naissent donc tant d'alarmes?
— D'où? ma foi, moi, je n'en sais rien.
Mais voilà mon père et le tien
Qui courent chargés de leurs armes.

UN AUTRE ENFANT.

Air de la Pipe de tabac.

J'ai vu le mien pleurer de rage,
J'ai vu ma mère sangloter,

Il ne m'en faut pas davantage,
Je sais qui je dois imiter.

UN AUTRE.

Oui, mais dans ce moment d'alarmes,
Point de fusil, point de canon,
Et comme nous, tu n'as point d'armes.

LE PREMIER.

Non, mais nos ennemis en ont.

Air: *Quand l'amour naquit à Cythère.*

Glissons-nous sous l'épais feuillage
Des ormes la nuit abattus.
Et là contemplant le courage,
Prenons des leçons de vertus.
— Quoi! nous prends-tu pour des cigognes?
Moi! dans des arbres me nicher!
Pour nous n'est-il pas de besogne?
Amis, c'est à nous d'en chercher.

Air: *Va, va, mon père, je te jure.*

UN AUTRE.

Venez, venez, mes camarades,
Portons la pierre aux travailleurs,
Et derrière les barricades,

Des cartouches aux tirailleurs.
Et si quelque brave succombe,
Armés du tube étincelant,
Contre eux faisons un feu roulant,
Et qu'à son tour l'assassin tombe.

TOUS EN REVENANT DU CHATEAU.

Air : *Du haut en bas.*

Du haut en bas
On nous traitait aux Tuileries
Du haut en bas ;
Mais quand vint l'heure des combats,
Nos mains au travail aguerries
Vous ont traité les Tuileries
Du haut en bas.

Du haut en bas
Qu'on ose nous traiter encore
Du haut en bas ;
Et vienne l'heure des combats !
Armés du drapeau tricolore,
Nous vous les traiterons encore
Du haut en bas.

BONVALOT.

LE CHANT DU CYGNE.

...... Enfin les brouillards qui depuis un mois voilaient le flambeau des cieux s'évanouirent; les perles liquides du matin reflétèrent les rayons du soleil....

Le malade saisit sa lyre, s'approcha de la fenêtre, et ses doigts tremblans essayèrent d'en agiter les cordes, depuis trop long-temps couvertes de poussière.

« L'horizon céleste s'éclaircit, murmura-t-il; quand donc en dirai-je autant de celui de ma patrie?... » Et il passa la main sur son front cicatrisé.

Ce n'étaient point les années qui pesaient sur la tête du brave; mais les feux de l'Espagne, les glaces de la Bérésina, et plus encore les fatigues de l'exil, avaient abrégé sa carrière.... Partageant la fatale destinée d'un infortuné dont le malheur immortalisa la mémoire, il semblait comme lui n'avoir mis le pied sur les rives de France que pour y rendre le dernier soupir. Chaque jour sa voix avait pris un timbre plus faible, sa muse une teinte plus touchante, et courbées sous le poids des revers, les cordes de sa lyre avaient depuis quelque temps fini par garder tout-à-fait le silence.

Mais le retour de l'astre de lumière semble avoir ranimé chez lui tous les feux du jeune âge...; sa main s'est affermie, et son accent est redevenu mâle et sonore.

Enfans de la grande nation, prêtez une oreille attentive, c'est un Français qui parle :

« Salut, jour de pourpre et d'azur! Douleurs, taisez-vous, que j'adresse mes adieux à la nature et mes derniers chants à la France.

» Amis, bientôt je ne vous verrai plus, et vous, bords charmans de la Seine, du Rhône et de la Loire.... je vous quitterai sans remords, car lorsque l'étranger vous eut empreints de ses pas sanguinaires, j'ai mêlé mon sang à vos ondes limpides.

» Vous me croyez à la fleur de l'âge; étrange Ilusion! ma tête s'est couronnée de lauriers sur les bords du Nil et du Mançanarès, aux champs de Marengo et d'Austerlitz, sur les remparts de Vienne et de Smolensk.... Comptez le nombre des victoires, et dites-moi si je suis jeune encore.

» Des regrets.... pourquoi donc en aurais-je? Voyez ce que je quitte, et songez à ce que je vais rejoindre. Un seul éperon rouillé du captif de Sainte-Hélène ne vaut-il pas mieux que tous les diamans de la couronne de Charles?

» Et ces braves de Fleurus, de Valmi, d'Aboukir, qui se faisaient tuer pour des sabres d'honneur, où sont-ils? Je ne vois ici que des glaives à montures brillantes, dont la lame ne s'est jamais ternie, pas même de fumée.

» Ne s'est jamais ternie, ai-je dit; je me trompe: plus d'une a des taches de sang; mais ce sang est-ce celui de l'étranger? Non, c'est le sang d'un compatriote, d'un frère! Et ces épaulettes, arrachées au vétéran d'Arcole, resplendissent sur l'habit d'un traître qui a porté les armes contre la France....

» Des regrets! On a fusillé le héros de la Moscowa, et donné le bâton de maréchal au transfuge de Waterloo.

» Des regrets ! Ici Raguse, Peyronnet, Villèle, Polignac, là-bas Masséna, Carnot, Manuel et le général Foy.

» Ici l'on destitue Casimir Delavigne, on forge des fers à Béranger; là-bas on couronne Parny de roses et Chénier d'immortelles.

» Adieu, terre de France, si grande et si belle. Qui t'a vue jadis et te voit aujourd'hui... n'a plus qu'à mourir............ »

A cet instant, le canon gronda, et l'étendard aux triples couleurs flotta dans les airs.... Paris avait retrouvé ses armes et sa gloire.

L'œil du mourant se ranima ; la fierté du soldat, l'énergie du poëte, se peignirent sur son visage. Sa voix cessa d'être plaintive, sa lyre rendit des sons plus harmonieux, et il continua :

« Il brille donc enfin dans les cieux, l'arc-en-ciel de la liberté! Ah! je n'ai jamais redouté qu'une seule chose, c'était de mourir sans le revoir encore.

» A qui sont confiées les nouvelles destinées de ma patrie? A Philippe d'Orléans, à Philippe! Je l'ai vu combattre à Jemmapes. C'est un Français : il est digne de régner sur la France. »

Puis, saisissant l'étendard tricolore, il ajouta d'une voix émue :

« Te voilà donc, toi sur qui j'ai versé tant de larmes ; flotte à jamais sur nos remparts, et ne va plus prodiguer l'éclat de tes nobles couleurs à des peuples indignes d'en supporter la vue ; mais si quelque jour le léopard ou les aigles étrangères osaient te menacer, que ton coq batte des ailes, nos braves feront le reste. »

Il dit, et pressant d'une main l'étendard sacré sur son cœur, de l'autre il porta sur ses lèvres un pan de la noble bannière ; un faible soupir se fit entendre, une brise légère agita la draperie flottante.....

L'âme entière du mourant s'était exhalée dans ce dernier baiser.

Em. Debraux.

AUX HÉROÏNES

DES TROIS MÉMORABLES JOURNÉES.

Air : *Hier au soir j'accordais sur ma lyre.*

Gentils hochets, que le fracas des armes
Frappe d'effroi, jette sous les verroux,
Vous ne savez que semer les alarmes ;
Cachez-vous, hochets, cachez-vous, cachez-vous.

Pour vous, beautés que la liberté touche,
Et qui, bravant les bronzes en courroux,
A nos héros apportiez la cartouche,
Gloire à vous, beautés, gloire à vous, gloire à vous.

Qu'il faisait beau vous voir, sous la mitraille,
A nos blessés prodiguer vos secours !
Quelle alliance ! Au fort de la bataille,
Mars, amours, beautés, Mars, amours, Mars, amours,

Puisque si bien vos sublimes courages
De nos tyrans ont repoussé les coups,
Dans nos sénats, au milieu de nos sages,
Placez-vous, femmes, placez-vous, placez-vous.

Pour vous, hochets, à qui le bruit des armes
Avec effroi fait tirer les verroux,
A la quenouille; inondez-vous de larmes,
Et surtout, hochets, taisez-vous, taisez-vous.

BONVALOT.

HYMNE FUNÈBRE.

—

Saut, citoyens magnanimes,
Défenseurs de la liberté;
D'un pouvoir long-temps détesté,
Salut, héroïques victimes.
Du joug honteux des sept tyrans
Vous avez délivré la France ;
De la France, illustres enfans,
Votre immortalité commence.

Du fond de vos tombeaux,
Nobles vengeurs de la patrie,
Entendez-vous la liberté qui crie :
Gloire immortelle à nos héros,
Mort à la tyrannie !

Ils avaient dit, dans leur délire,
Ces ministres audacieux,
Versons le sang des factieux,
Et nous maintiendrons notre empire.
Animés du même courroux,
Vous avez tous crié vengeance,
En un seul instant sous vos coups
Ils ont vu tomber leur puissance.
  Du fond de vos tombeaux, etc.

Vous avez payé la victoire
De votre sang si généreux,
Mais vos noms, devenus fameux,
Vivront à jamais dans l'histoire.
On gardera le souvenir
De votre ardent patriotisme ;
Votre exemple, dans l'avenir,
Fera trembler le despotisme.
  Du fond de vos tombeaux, etc.

Autour du cercueil de ces braves,
Et par leurs mânes glorieux,

25.

Jurons tous de mourir comme eux
Plutôt que de vivre en esclaves.
Pour maintenir l'ordre et les lois
Ils ont sacrifié leur vie,
Ils ont reconquis tous nos droits,
Leur trépas est digne d'envie.

Du fond de vos tombeaux,
Nobles vengeurs de la patrie,
Entendez-vous la liberté qui crie :
Gloire immortelle à nos héros,
Mort à la tyrannie !

J. Zanole.

HOMMAGE AUX PARISIENS.

Ils avaient dit : Sur un peuple d'esclaves
Il faut régner et sans charte et sans lois ;
Les insensés oubliaient qu'à nos braves
Pendant trente ans ont obéi les rois.
Comme autrefois la liberté chérie
A dans Paris retrouvé ses soutiens ;
Français, Paris a sauvé la patrie,
Gloire immortelle aux soldats citoyens !

C'est vainement qu'à leur aveugle rage
De nos soldats ils ont fait des bourreaux ;
C'est vainement qu'au milieu du carnage
Le sang Français a souillé leurs drapeaux,
Femmes, enfans, tous prodiguaient leur vie,
Tous de nos droits se montraient les soutiens.
Français, Paris a sauvé la patrie,
Gloire immortelle aux soldats citoyens !

Les trois couleurs de notre ancienne gloire
Sur nos clochers ont brillé de nouveau.
Quels souvenirs ! Au combat la victoire
Pendant trente ans a suivi ce drapeau.
C'est encor lui qui de la tyrannie
A pour toujours vu s'enfuir les soutiens.
Français, Paris a sauvé la patrie,
Gloire immortelle aux soldats citoyens !

Si l'étranger, pour asservir la France,
Veut contre nous lancer ses bataillons,
Levons-nous tous, qu'il trouve, en sa démence,
Un lit de mort creusé dans nos sillons.
La liberté contre la tyrannie
Doit des Français resserrer les liens ;
Comme Paris défendons la patrie,
Gloire immortelle aux soldats citoyens !

A. Ray (de Troyes).

LE SUISSE A PARIS.

De nos malheurs instrument déplorable,
Il a servi le despote abattu;
Par un tel fait il se rendit coupable.
Honneur à vous qui l'avez combattu!

Honneur à vous, jeune France héroïque!
Plus que jamais vous connûtes vos droits;
Du Loûvre ensanglanté vous gardez le portique;
Le Suisse est mort, veillez seuls sur vos rois.

Il fut vaincu... Dans ces grands jours d'alarmes,
Mort aux Français! criait-il éperdu.
Il fut vaincu, terrassé par ses armes,
Mais sans honneur, car il l'avait perdu.
Honneur à vous, etc.

Qu'il fuie au loi de notre belle France!
Le sang versé lui fait honte aujourd'hui;
La liberté vient d'en tirer vengeance.
Haine à jamais entre la France et lui!
Honneur à vous, etc.

Va, du Jura franchis le précipice,
Et souviens-toi, si tu peux, sans frémir
Qu'aux assassins tu servis de complice,
Lorsque l'honneur défendait d'obéir.

Honneur à vous, jeune France héroïque!
Plus que jamais vous connûtes vos droits,
Du Louvre ensanglanté vous gardez le portique;
Le Suisse est mort; veillez seuls sur vos rois.

P. A. AUBARÈDE fils.

L'AMI DU PEUPLE.

Air du Carnaval de Béranger.

De vils tyrans voulaient nous rendre esclaves,
Leur joug de fer nous écrasait partout.
Soudain le peuple a brisé ses entraves :
Un trône est vide, et la France est debout.
La Liberté donne un chef à nos armes;
Ce chef est prince, et le peuple a frémi :
Son titre seul excite tes alarmes,
Rassure-toi, peuple, il est ton ami.

De mon pays les beaux jours vont renaître,
Le nouveau roi des Français est aimé ;
Mais quoi ! déjà, peuple, tu crains un maître ;
Ce n'est qu'un chef que toi-même as nommé.
Ta défiance est pour lui sans injure,
Un roi naguère était ton ennemi.
Philippe roi ne sera point parjure :
Rassure-toi, peuple, il est ton ami.

Pour les Français s'ouvre une ère nouvelle,
Sur nous enfin un soleil pur a lui.
Par ses vertus Philippe nous rappelle
Ce roi si bon, Orléans comme lui.
De nos aïeux Louis était le père,
Et sur leurs maux plus qu'eux il a gémi.
De nos guerriers Philippe fut le frère :
Réjouis-toi, peuple, il est ton ami.

D'un roi déchu les lâches satellites
Du nouveau roi déjà se font valets.
Ne venez point, courtisans hypocrites,
D'un souffle impur empester son palais.
Portez ailleurs votre encens mercenaire :
De tous flatteurs Philippe est l'ennemi.
Retirez-vous, c'est un roi populaire...
Approche-toi, peuple, il est ton ami.

Prince modeste et digne de l'empire,
Toi, des Français l'amour et le soutien,
Daigne agréer ce tribut de ma lyre,
Hommage pur d'un sujet citoyen.
Pour te l'offrir ma muse était tremblante,
Lorsque des chants soudain m'ont raffermi :
Dans ton palais, partout déjà l'on chante
Ce doux refrain : « Peuple, il est ton ami. »

A. HUBERT.

LE SOLDAT DE LA LIBERTÉ.

Air nouveau de A. Hubert.

Les sept tyrans qui régnaient sur la France
Offraient au peuple un avenir affreux.
Mais un matin il a rêvé vengeance,
Il court chasser des maîtres odieux.
Pour renverser leur puissance exécrée,
Tous mes amis s'élançaient au combat :
O Liberté ! pour ta cause sacrée,
Je les suivis, comme eux je fus soldat.

Un prompt succès a couronné nos armes,
La France est libre : il n'est plus de sujets.
De la victoire, amis, goûtons les charmes,
La Liberté sur nous règne à jamais ;
Et si contre elle une cour égarée
Osait commettre un nouvel attentat,
O Liberté ! pour ta cause sacrée,
Je puis encor redevenir soldat.

Mais l'avenir à tort nous inquiète,
Philippe est là, rangeons-nous sous sa loi.
Oui, mes amis, croyons-en Lafayette :
« La république est bien moins qu'un tel roi. »
Que dans nos murs sa bannière arborée
Des trois couleurs fasse briller l'éclat.
O Liberté ! pour ta cause sacrée,
Naguère aussi notre roi fut soldat.

A. Hubert, avocat,
Soldat du 29 juillet 1830.

ORAISON FUNÈBRE

DES BRAVES MORTS POUR LA LIBERTÉ

Dans les mémorables journées
des 27, 28 et 29 juillet.

> France, dis-moi leurs noms; je n'en vois point paraître
> Sur ce funèbre monument.
> — Ils ont vaincu si promptement
> Que j'étais libre avant de les connaître !
>
> CASIMIR-DELAVIGNE.

Oui, elle était libre avant de les connaître ses généreux libérateurs, cette belle France si longtemps courbée sous la verge de fer dont la frappait un aveugle despote; mais qu'elles se consolent, les ombres glorieuses des héroïques victimes de notre régénération, leurs noms ne resteront pas ignorés : l'impartiale histoire s'est chargée du soin de les recueillir et de les transmettre à la postérité ; ils seront dans les siècles à venir l'effroi des tyrans et la pierre de touche où les peuples essayeront ce que vaut un peuple quand, d'esclave qu'il était, il veut devenir libre.

Recevez le juste tribut de regrets que vous adressent ici vos frères, nobles martyrs de la plus belle des causes, vous qui n'avez pu souffrir qu'un roi cagot portât impunément une main sacrilége sur l'arche sainte qui renfermait nos libertés.

Vous n'avez pu le voir de sang-froid ce monarque inepte déchirer le pacte sacré qui l'unissait à son peuple; vous vous êtes rappelé que, dans une imposante solennité, la nef de la métropole de Reims entendit faire à Charles le serment de conserver dans sa pureté primitive la Charte que nous avait octroyée son frère, quand, replacé par les baïonnettes étrangères sur le trône de notre belle patrie, il lui promit faussement un long avenir de bonheur. Votre âme généreuse, émue au cri d'indignation jeté par la France entière si lâchement opprimée, au mépris des lois divines et humaines, vous mit les armes à la main, et vous tombâtes sous les coups des sbires envoyés contre vous par le fauteur d'une autre Saint-Barthélemi, vous tombâtes; mais du sol baigné de votre sang on vit s'élancer l'arbre d'une liberté nouvelle, arbre immense qui, poussant jusqu'aux cieux ses branches vigoureuses, en couvrira bientôt le monde entier.

O spectacle à la fois touchant et sublime! de jeunes épouses, de tendres mères, prévoyant tout ce qu'aura d'horrible la lutte où courent s'engager les objets de leurs plus chères affections, vous étreignent de leurs bras caressans, vous baignent de leurs larmes; mais, femmes et mères des héros, elles surmontent bientôt un moment de faiblesse, elles veulent être dignes de leurs fils, de leurs époux, et, pour la première fois, elles vous conjurent de rester sourds à la voix de l'amour, à celle de la nature, de repousser de votre cœur tout ce qui pourrait tendre à étouffer le seul sentiment qu'elles veulent y voir régner, l'amour de la patrie.

Quel sang pur a cimenté l'édifice désormais indestructible de nos libertés! Héros de juillet, quel dévouement parmi ceux inscrits dans les fastes des nations peut être comparé à votre dévouement? quelle gloire à votre gloire?...

O France! ô ma noble patrie! quel eût été ton destin, si tes dignes enfans ne fussent venus à ton secours; si les débris glorieux de leurs cadavres n'eussent comblé l'abîme vers lequel t'entraînaient le vieux despote et ses odieux visirs! la reine des nations, le front courbé dans la poussière, serait devenue pour l'Europe un objet de mépris et d'amère dérision.

Que la terre vous soit légère, nobles victimes

de la plus inconcevable des révolutions! Reposez en paix, que vos mânes plaintifs ne s'irritent point du voisinage des satellites de la tyrannie, des mercenaires étrangers que vous avez fait tomber sous vos balles vengeresses. Voyez du haut de l'empirée la France reconnaissante orner de palmes et de couronnes civiques les tertres funèbres sous lesquels dorment vos restes glorieux; on vient verser des larmes sur votre tombe, on foule d'un pied d'indignation la terre qui couvre vos bourreaux.

Gloire, paix et repos aux victimes de juillet! Honte éternelle et anathème sur leurs meurtriers!!!

Ambs-Dalès.

En vente chez Terry, libraire.

OUVRAGES DU DOCTEUR MOREL.

L'ART DE PROLONGER LA VIE DE L'HOMME ET DE LA FEMME, d'après Hufeland, premier médecin du roi de Prusse, 1 fort vol. in-8. 3 fr. 50 c.

VÉRITABLE MÉDECINE SANS MÉDECIN, ou sciences médicales mises à la portée de toutes les classes de la société; vrai Code de santé, etc., 6e édition, 1 fort vol. in-8. 6 fr.

Le même ouvrage, in-12, de près de douze cents pages. 7 fr.

LES SECRETS DE LA GÉNÉRATION, contenant l'art de procréer à volonté des Filles et des Garçons, 1 fort vol. in-18, avec gravures, 7e édit. 3 fr. 50 c.

LE LAVATER DES TEMPÉRAMENS ET DES CONSTITUTIONS, ou l'Art de les bien distinguer, et de se préserver des maladies, 1 fort vol. in-18. 2 fr. 50 c.

CODE PRÉSERVATIF DE LA SYPHILIS, ou Art de se préserver des maladies secrètes, et de reconnaître les personnes qui en sont atteintes, 1 vol. in-18. 2 fr. 50 c.

Ouvrages nouvellement publiés :

LE CODE DES FUMEURS ET DES PRISEURS, ou l'Art de fumer et de priser sans déplaire aux belles, 1 vol. in-18, avec gravures. 1 fr. 50 c.

LE PARAVOLEUR, ou l'Art d'éviter les piéges que tendent les filous, les escrocs et les charlatans de toute espèce, d'après Vidoc et autres. 1 vol. in-18. 1 fr. 50 c.

CHANSONS NATIONALES et autres d'Émile Debraux, tom. I, II, III et IV. Séparément. 3 fr. 50 c.

PROMENADE A TOUS LES BALS DE PARIS, Barrières et Guinguettes de cette capitale, ou Revue historique et descriptive de ces lieux ; contenant le récit fidèle et détaillé de tout ce qui s'y passe les dimanche, mardi et jeudi de chaque semaine, avec le prix d'entrée des bals où l'on paie, etc., etc., 1 fort vol. in-18, avec gravures. 2 fr.

www.ingramcontent.com/pod-product-compliance
Lightning Source LLC
Chambersburg PA
CBHW071519160426
43196CB00010B/1584